Am Rande der Welt — Unterwegs notiert in Asien

In einem Dorf auf der indonesischen Insel Sulawesi

Am Rande der Welt
Unterwegs notiert in Asien

von Rüdiger Siebert

mit 26 Fotos
Vorwort von Fritz Schatten

Mai Verlag Buchschlag bei Frankfurt

CIP-Kurztitelaufnahme der Deutschen Bibliothek

Siebert, Rüdiger:
Am Rande der Welt — Unterwegs notiert
in Asien / von Rüdiger Siebert.
Mit e. Vorw. von Fritz Schatten. —
1. Aufl. — Buchschlag bei Frankfurt:
Mai, 1988
ISBN 3-87936-186-X

1. Auflage 1988

Anschrift: Mai Verlag GmbH
Quellenweg 10, 6072 Dreieich-Buchschlag
Fotos: Rüdiger Siebert
Typographie und Gestaltung: Ingo Schmidt di Simoni
Herstellung: Fuldaer Verlagsanstalt GmbH, Fulda
Printed in Germany
ISBN 3-87936-186-X

Inhalt

Auf dem Markt im indischen Madras

Vorwort

Immer wieder hat der Europäer versucht, sich Asien anzueignen. Am Ende, nach so vielen Bemühungen, muß er sich eingestehen, daß alle diese Versuche, wenigstens Teile Asiens nach seinem Bilde zu formen und nach seinen Geboten unterwürfig zu machen, gescheitert sind. Okkupation oder *indirect rule*: Die gewaltsame oder weniger gewaltsame Überwindung Asiens scheiterte doch stets an der fatal unterschätzten Eigenkraft Asiens, die aus der spirituellen Tiefe seiner Kulturen, Religionen und Empfindungen, selbst denen der »Rückständigkeit« und der Armut, immer aufs neue erwächst. So kommen wir spät, aber dennoch am Ende dieses nach unseren Kalendern so bezeichneten zweiten Jahrtausends, denen Asien noch um Jahrtausende voraus ist, zu der Einsicht, daß statt der Aneignung nur die Annäherung möglich und gefordert ist.

Wie aber nähert man sich Asien an, dieser ethnischen, sozialen, geistigen und religiösen Vielgestalt und Vielfalt, durchdrungen von der tropischen Fülle von Farben, Gerüchen, Tönen, für die es in unserer Welt gar keine äquivalenten Bezeichnungen gibt? Wissenschaftler tragen dickbändige Analysen vor. Länder-Monographien schlüsseln Geschichte und Gegenwart auf, Journalisten jagen den Ereignissen hinterher. So wertvoll vieles sein mag, so erschöpft es sich doch zumeist im Offensichtlichen. Die analytische Schärfe läßt erschreckend oft jene Tiefe vermissen, die nur durch äußerste Sensibilität und feinste Nuancierung gewonnen werden kann. Manche der vielen Reisenden, der Touristen also, reiben sich dann bei der eigenen Berührung mit Asien die Augen: So hatten sie sich Asien, nach aller wohlvorbereitenden Lektüre, denn doch nicht vorgestellt. An-

dererseits verführt die Organisation des modernen Reisens dazu, immer nur die gleichen vorgezeichneten Routen zu fahren und zu gehen, wobei das Gehen oft und den meisten schwerfällt: Wie herausfinden aus den mitgebrachten Gewohnheiten, wenn noch dazu in Singapur, Manila, Bangkok oder Colombo europäische Attribute den »Blick dahinter« verstellen?
Daß wir es hierbei nicht mit einem bloß neuzeitlichen Hindernis zu tun haben, verdeutlicht uns das Wiederlesen früher Reisebücher. Im Vorwort zu seinen zuerst 1898 erschienenen »Notizen über Mexiko« hielt Harry Graf Kessler resignierend fest, seine Zeit wäre »möglicherweise die letzte gewesen, zu der man noch reisen konnte; schon kommen wir kaum noch aus unserer Zivilisation heraus; das Bild bleibt sich von Weltteil zu Weltteil erstaunlich gleich«. Wir wiederholen diese deprimierende Erfahrung, weil und wenn wir nicht einen »Reiseführer« gewinnen oder zufällig einem Cicerone begegnen, der uns die Wirklichkeit hinter der Wirklichkeit zu zeigen vermag, weil er selbst sie sich vorher – gegen die Zeittendenz reisend – erschlossen hat: Einer, der die durch Gewohnheiten, Scheu oder mangelnde Sensibilität gesetzten Barrieren durchbricht und empfindsam-aufspürerisch das eigentliche Asien entdeckt und sich deuten läßt.
Das eben trifft zu auf Rüdiger Siebert. Sein Asien ist anders. Seine Bilder, jeweils in schmale Rahmen gefügt, verzichten auf grelle Farben und dicke Pinselstriche. Sie gleichen pointillistischen Skizzen: Farbpunkt ist neben Farbpunkt gesetzt, und erst, wenn man einen Schritt zurücktritt, erschließt sich das Ganze, auf eindringliche Weise zumal. Jedes dieser empfindsamen Bilder wächst aus den Nuancen uns zu, bis wir es zu verinnerlichen vermögen.
Rüdiger Siebert ist Journalist. Das verschweigt er nicht. Zugleich aber ist er in seinen Texten aus Asien mehr als der herkömmliche Journalist. Er steht, zeichnet – nein: er malt, und das eben pointillistisch und farbnuancierend – und schreibt in der besten Tradition des Feuilletonisten.
Das ist ein verwirrender Begriff, ein gemeinhin abgewerteter zumal, abgewertet von Unkundigen. Dabei haben das Feuilleton und die Feuilletonisten früh einen Rang in der Geschichte der Zeitung er-

worben und lange gehalten. Börne, Heine, dann Fontane, später Alfred Polgar, Kurt Tucholsky, Egon Erwin Kisch und Victor Auburtin begründeten auf Deutsch die »kleine Form«, die, literarisch ausgefeilt, Persönliches treffend und über den Tag und damit über den »normalen« Journalismus hinausgreifend und hinauswirkend festhielten: sozusagen pointillistisch. Diese Art Feuilleton ist weithin, wenngleich nicht ganz, verschwunden: Weil es an Feuilletonisten mangelt und an der Freiheit, die man ihnen im jeweiligen Blatt einräumen muß, damit sie, selbst noch im politischen Teil, literarischen Journalismus treiben.

Die »Neue Zürcher Zeitung«, das Weltblatt deutscher Sprache aus der vermeintlich engen Schweiz, hat Rüdiger Siebert diesen Raum geöffnet. In der NZZ jedenfalls sind die im Kleinen so bedeutungsvollen und impressiven »Stücke« von Rüdiger Siebert seit 1977 erschienen, und nicht wenige Leser gibt es, die immer wieder erwartungsvoll die Wochenend-Beilage der NZZ aufschlagen, um dort unter dem Rubrum »Unterwegs notiert« Sieberts Spürgänge durch die von Klischees freigeschlagene Welt, zumal die Dritte Welt, nachzugehen. Weil hier in diesen empfindsamen Mikroaufnahmen gerade das andere Asien auch makroskopisch entsteht, weil hier sensible Innenan- und -einsichten dieses Erdteils, seiner Kulturen und seiner Menschen vermittelt werden, war es auf Dauer keine Frage: Diese großen, großartigen »kleinen« Geschichten mußten eines Tages in Buchform gebündelt erscheinen. Das Buch ist da: endlich! Und es bedarf keiner Frage, daß es viele ins Gepäck nehmen und als quasialternative Pflichtlektüre lesen werden, wenn sie sich aufmachen, Asien zu erfahren und zu erfassen: intensiver, empfindsamer und auch – wie zu hoffen – ein wenig demütiger als andere, die dieses Buch von Rüdiger Siebert missen werden.

Fritz Schatten

Zur Einstimmung

Galerie Alaska

Wir fliegen nach Westen, um im Osten anzukommen. Paris-Seoul. Die Polarroute. Nach sechs Stunden Atlantik breitet sich eine gleißende Ebene unter uns aus. Das Grauweiß des vereisten Nordmeeres vereint sich mit dem makellosen Blau des Himmels. Kompaktgefrorenes in endloser Eintönigkeit. Kein farbiger Strich mehr, wie er auf der ozeanen Wellenweite gelegentlich Kunde von einem einsamen Schiff gab; nirgends ein Dorf, keine menschliche Spur. Totale in toter Tristesse, wie geschaffen, um die Langeweile solch interkontinentalen Luftsprunges zu illustrieren. Die grelle Fernsicht zwingt zum Blinzeln. Allmählich schieben sich Wandlungen in den Blick, der, von vier Triebwerken beschleunigt, mit neunhundert Kilometern pro Stunde über die Weite schweift. Einzelheiten werden erkennbar, Schattierungen, Zeichen. Aus dem erstarrten Meer steigt unter Gletscherlast liegendes Land auf: Alaska. Das »Inflight«-Magazin vermag nicht länger zu fesseln; der Krimi aus dem Handgepäck verliert an Reiz. Wirklich erregendes Schauspiel findet da draußen, da unten statt. Was in der erdverbundenen Durchquerung das Abenteuer einer Expedition wäre, ein Vorstoß mit Schlittenhunden, Muskeln, Kompaß, Pelzen, das wird für den Überflieger zum entrückten Anschauungsobjekt. Keine Turbulenz stört die Aussicht; wolkenlos das Firmament; so strahlend rein, als stünde nirgends auf dieser Erde ein rauchender Schlot. Das kristallklare Licht läßt Distanzen schrumpfen.
Ich schaue. Dort hat ein gigantischer Meißel eine monumentale Pla-

stik aus Felsgestein in die Landschaft geschlagen. Daneben malte ein geheimnisvoller Pinsel, Flußläufen folgend, die Bandmuster griechischer Vasen in den Grund. Mit kilometerlangen Linealen sind Striche übers Eis gezogen, die sich in fernen Parallelen verlieren oder als Schachbrett zusammenfügen. Dann wieder ist das Eis wie feinstes Porzellan von spinnennetzartigen Krakelüren durchzogen. Kurven, Kratzer, Kreise in einem eigenartigen Geflecht mäandrierender Wasserwege. Silbern schimmernde Seen leuchten als Aquarelle aus der Tiefe. Was Künstlern aller Epochen herausforderndes Ideal war, scheint eingelöst zu sein: als seien die Werke für die Ewigkeit geschaffen, so fügt sich in dieser Perspektive ein Alaska-Ausschnitt an den anderen. Das ovale Fenster wird zum Wechselrahmen zeitloser Kunst, der Flug eine Vernissage, das Flugzeug eine Galerie; und es mangelt an keiner Zugabe, den ästhetischen Genuß zu steigern. Die Stewardess serviert, asiatisch lächelnd, gekühlten Champagner. Im Kopfhörer ertönt Gustav Mahlers Sinfonie Nr. 1 D-Dur.

Ich höre. Lyrische Schmeichelei wird von dramatischem Furioso hinweggefegt, ein spannungsgeladener Bezug zu jenem eisigen Schweigen dort unten. Kaum klingt sinfonische Idylle an, folgt ihr ein Wechsel in Moll. Das ist Pathos von grandioser Wucht. Son et lumière. Der Schauer Mahlerscher Maßlosigkeit mischt sich in die Grafiken düsterer Dimensionen. Kein Rot, kein Grün, kein Gelb, nur zarteste Zwischentöne im schwarzweißen Kontrast. Zuweilen schimmert ein Gipfel cremig leicht in Flamingorosa. Die schrägstehende Sonne zeichnet die verschneiten Runzeln der guten alten Erde mit scharfem Schlagschattenstift nach. Flußschleifen graben rätselhafte Chiffren in den Boden, eine vieldeutige Botschaft aus Urzeiten vermittelnd. Ich suche nach einem Titel für diese Bilder in der Galerie Alaska. Der Tag vor der Schöpfung? Oder der danach?

Korea

Tanz zwischen den Welten

Mehr als zwanzig Stunden war ich rund um den Erdball geflogen, und mir war bei der Ankunft in Seoul, als sei ich wieder in meiner eigenen Welt angekommen. Überall Hochhäuser und Neubauten im internationalen Einheitslook des Fortschritts. Größer, schneller, höher. Kennzeichen der Dynamik weisen den Weg. Korea gibt sich kühl und stromlinienförmig; jedenfalls das Korea der glitzernden Fassaden.

Wie anders dagegen der Pukansan-Nationalpark nördlich von Seoul, dessen Täler und Höhen der Verkehrslärm der Hauptstadt nicht erreicht. Dafür lockten hinter einer Wegbiegung eigenartige Klänge von Trommeln, Gongs, Schellen und Metallbecken. Die Motive wiederholten sich scheppernd und aufreizend. Ich blickte in einen kleinen, teilweise überdachten Innenhof. Vor einer der Türen starrte mich ein Schweinskopf an, von Räucherstäbchen in bläulichen Dunst gehüllt. Daneben Schalen mit Reis, Früchte, zu Türmen gestapelte Backwaren in allen Farben des Regenbogens, Trockenfisch, Papierblumen. Unverkennbar Opfergaben.

Aus der geöffneten Tür kamen die Klänge, abweisend und Neugier weckend zugleich. Eine Frau in langen weißen Tüchern winkte und lud mich ein, auf dem Fußboden Platz zu nehmen. Vier andere Frauen kauerten an der hinteren Wand des Zimmers und schlugen auf die landesübliche Stundenglastrommel, Changgo genannt, ließen die Zimbel erklingen und bliesen die Querflöte.

Einander abwechselnd, sprangen die Frauen auf, wühlten im Stapel

grellbunter Gewänder, kleideten sich um und begannen zu tanzen. Da flogen die farbenfreudigen duftig-leichten Stoffe. Mit Gesängen wurde die jeweiligen Solistin angefeuert. Immer wilder wirbelten die Kleider. Einer stehenden Greisin in weißem knöchellangem Kleid galt das gemeinsame Tun. Die Frau lehnte an der Wand, neben ihr ein Knabe. Beider Leid zu lindern war anscheinend der Sinn der Zeremonie. Ich war in den Ritus von Schamaninnen geraten, wurde Zeuge eines Kults, in dem sich älteste religiöse Vorstellungen mit Elementen der späteren Einflüsse von Konfuzianismus, Buddhismus, Christentum vermischt haben und der doch eigenständig geblieben ist in seinem aufreizenden Dialog zwischen den Geistern des Jenseits und den von Pein geplagten Menschen des Diesseits. Als Aberglaube wird all das abgetan von denen, die sich dem Fortschritt verschreiben in Korea; und doch ist es gerade die allzu glatte Modernität, die das Bedürfnis nach solcher Zwiesprache abseits der Konsumwelt wachhält. Die Schamaninnen sind gefragt von Menschen in Bedrängnis, die ihnen mehr vertrauen als dem Arzt, dem Psychotherapeuten, dem Geistlichen.
Die älteste der Zauberpriesterinnen schwang ein Rundschwert und einen Zweispitz, fuchtelte mit diesem Mordwerkzeug martialisch durch die Luft, gab schrille Laute von sich, die eine Veränderung ihres Bewußtseins ankündigten, und fiel schließlich in Trance. Die anderen fingen sie auf, legten die starre Gestalt zu Boden. Eine jüngere Frau begann zu tanzen, wechselte die Hüllen, drehte sich wie ein Kreisel. Ein Jahrtausende alter Ritus: Der Anruf der Götter und die Bitte an sie, den Menschen wohlgesonnen zu sein auf der Gratwanderung zwischen Leben und Tod. Tanz und Schrei als Akt der Gesundung. Ich war unvermittelt an koreanische Grenzen geraten. Ich hatte wahrhaftig die Welten gewechselt.

Das Rechenbrett

Mitten in Seoul, an einer der verkehrsreichsten Kreuzungen, verengen sich Zeiten und Welten. Wo die Sejonro- und die Chongno-

Prachtstraßen aufeinandertreffen, wo auf steinernem Podest der kämpferische Admiral Yi Sun-shin an die Seeschlachten Koreas gegen Japan erinnert und der Boulevard zum Nationalmuseum führt, erhebt sich das Kyobo-Gebäude mit himmelhoher Glasfassade. Das ist 21. Jahrhundert. Kühl, nüchtern, glatt. Davor steht zwergenhaft klein der Pigak-Pavillon mit geschwungenem Dach, farbig, elegant, ganz klassischer koreanischer Stil. Dieser gepflegte Altbau spiegelt seine Umrisse in den gigantischen Fenstern des Bürohochhauses. Der glitzernde Rahmen des Fortschritts nimmt die Urform Koreas auf, wie sie sich seit vielen Generationen in den buddhistischen Tempeln des Landes wiederholt.

Wohin der Besucher südlich des 38. Breitengrades auch kommt: Das Erbe jahrtausendealter Kultur ist überall in spannungsgeladene Nachbarschaft zu den Zeugnissen des Elektronikzeitalters geraten. Bereits das Geldwechseln wird zum Lehrbeispiel koreanischer Kontraste. Der Schalterbeamte der Bank in Seoul hatte zwei Instrumente vor sich auf dem Tisch: die Tastatur eines Computers und das Rechenbrett uralter chinesischer Überlieferung, das in Korea Joo-Pan genannt wird. Der Finanzmann ließ das hochmoderne elektronische Ding unberührt; er griff zu den schwarzen Holzkugeln und schob sie hin und her. Blitzschnell.

Rührend einfach wirkt die Rechenmaschine der Altvordern; schon die Griechen und Römer kannten das System. Unter dem Stichwort Abakus ist es im Lexikon zu finden; Abakus, griechisch für Brett. Im indisch-chinesischen Kulturkreis wird seit dem dritten Jahrhundert vor Christus nach dieser Methode über Gewinn und Verlust entschieden. So genial wie einfach. In einem Holzgestell von der Größe eines handlichen Buches sind in mehreren Reihen verschiebbare Gleitkugeln so angeordnet, daß sie waagrecht bewegt und senkrecht in Beziehung zueinander gebracht werden können. Jede Kugelreihe entspricht dem Stellenwert einer Zahl. Überall auf der Welt, wo Chinesen ins Geschäft einsteigen, greifen sie zu solch einem Rechenbrett, das in ihrer Sprache Suan-pan heißt; und überall, wo chinesische Lebensart fremde Kulturen bestimmte, kam auch Suan-Pan auf die Ladentische.

Der Haeinsa-Tempel, eines der buddhistischen Zentren Koreas

In Sekundenbruchteilen hatte der Bankbeamte in Seoul den Wechselbetrag zurechtgeschoben. Der Koreaner nannte seinen Betrag und bemerkte die verblüffte Miene des Europäers. Gesehen hatte ich solch ein Rechenbrett bereits in vielen Trödelläden Asiens. Manch ein Kauf war mir mit diesem Hilfsmittel schon berechnet worden. In einer Bank, einer so modernen, entdeckte ich das Kugelbrett zum erstenmal. Der Beamte lächelte. »Damit geht es viel schneller als mit dem Kalkulator«, sagte er, verbeugte sich und machte mit höflicher Zurückhaltung ganz den Eindruck eines Menschen, der mit der modernen Technologie zu leben gelernt hat und weiterhin gewillt ist, den alten Traditionen zu vertrauen.

Poesie der Geheimen Gärten

Dem Einzelnen ist der Eintritt verwehrt. Nur Gruppen mit einer koreanischen Führerin wird Tonhwamun geöffnet, das wuchtige, von zwei nach oben gebogenen Dächern überragte Tor zum Königspalast Changdokkung, einem der fünf Prachtbauten, die in Seoul an die 1910 zu Ende gegangene Yi-Dynastie erinnern. 1592 war dieser Herrschaftssitz von japanischen Eroberern niedergebrannt, 1611 wieder errichtet worden und diente bis ins späte 19. Jahrhundert der Zurschaustellung königlicher Macht. Verschwunden ist die Monarchie, geblieben nur die Hülle.
Wo einstmals die Untertanen gebeugten Rückens auf Knien rutschten, flaniert heute die plaudernde Touristenschar aus Europa und den USA, gewohnt, Obrigkeit in Frage zu stellen. Aufgetürmter, bedeutungsleerer Prunk gerät bei späteren Generationen, die ihn aufrechten Schrittes bewundern dürfen, stets in die Nähe des Lächerlichen. Die Restauratoren haben fleißige Arbeit geleistet, den jungen Farben die alten Schattierungen begemischt. Dunkles Grün, schweres Braun, rostiges Rot. Die Wege und Anlagen sorgsam gepflegt, die Pavillons und Residenzen zu musealer Langeweile erstarrt. Ich entfernte mich unerlaubterweise von der Gruppe. Das Allerweltsgeplapper verklang. Die Megaphonstimme der Reiseleiterin

zog weiter ohne mich. Durch Tore und Innenhöfe führten die verschlungenen Pfade, immer wieder durch weitere hölzerne Türen bis hin in die vor den Augen niederen Volkes verschlossenen Winkel der Geheimen Gärten. Ich roch und hörte und schaute andere Dimensionen. Düfte der rosa Pfirsichblüten, die sich in verschwenderischer Fülle über morsches Gebälk ergossen. Vogelgezwitscher im rauschenden Blättergewölbe. Kunstvoll gestaltete Natur, die sich im kaum bewegten Wasser der Seen und Bäche spiegelte. Rosen schwebten darin, welke Blätter, ein geknickter Ast. Von menschenleeren Veranden unter schattenspendenden Dächern schweifte der Blick durch den Park mit dem Stoff für Träume und Märchen. Da kam mit einemmal Intimität auf, wie sie einst nur den Höflingen, den edlen Damen, den Intriganten und Regenten vorbehalten blieb. Ein verschwiegener Ort der Hoffnungen, geheimnisvolles Abseits der Ränke und Kabalen. Hier wurden Karrieren begründet und Emporkömmlinge gestürzt. Wispernde Stimmen tönten herüber aus dem Totenreich. Was einem die Geschichte der Geheimen Gärten selbst zuraunt, ist von Poesie durchzogen, von morbider Poesie. Hier weht noch immer der Hauch, den die klassischen koreanischen Dichter in das zarte Gespinst ihrer Verse einwoben. Die Gärten selbst sind zum Gedicht geworden.
Einer, der noch lebt und für seine Dichtung viel zu leiden hatte, beschwört solche Ahnung mit den Worten gegenwärtiger Zeit:

»Warum wird aus einer Träne
ein Tropfen Blut?
Die Malvenblüte:
auf sie herabgeflattert ein Vogel aus Papier,
ein papierener Vogel, der tot ist und nicht mehr fliegt.
Und dennoch: leise flattert der Tote weiter.
Ob jener wird fliegen können?«

Kim Chi Ha schrieb diese Zeilen, der gefolterte Dichter, der beinahe ermordete von den Mächtigen unserer Tage; er durfte sie nicht ungestraft in Frage stellen.

Das Megaphon rief mich zur Herde zurück. Ich warf einen Stein in den Teich. Die Bilder der Vergänglichkeit verschwammen zu Kreisen, zu immer größeren Kreisen.

Luftsprünge

Die Damen sprangen in die Luft und kreischten vor Vergnügen. Ihre grellbunten Gewänder flatterten Schmetterlingen gleich. Hanbok heißt das koreanische Nationalkostüm, das, knöchellang und über der Brust geschnürt mit luftig-großzügigem Stoffverbrauch, den traditionsbewußten Frauen allgemeine Aufmerksamkeit einträgt, erst recht, wenn sie in solchem Gewand auf eine Wippe hüpfen. Die beiden alten Damen traten ungeniert auf die Bohle, die in der Mitte über einer zusammengerollten Matte lag, bereit, abwechselnd nach rechts und links in die Höhe zu schnellen. Mit kräftigen Tritten beförderten sich die Greisinnen gegenseitig nach oben, lachten und genossen die zustimmenden Rufe der Zuschauer.
Es ist ein uraltes Spiel der Koreanerinnen. Laut Überlieferung haben einstmals zwei Ehefrauen ein solches Brett vor einer Gefängnismauer installiert, um beim Luftsprung einen Blick auf ihre inhaftierten Männer werfen zu können. Die Wippe ist jahrhundertelang das einzige Spielzeug geblieben, mit dem sich koreanische Frauen über ihre Männer und die strengen Sitten des Landes erheben durften.
Das Sprungbrett, auf dem sich die beiden Alten jugendlich unbekümmert tummelten, befindet sich im Volkskundedorf Yong-in. Fünfzig Kilometer südlich der Hauptstadt Seoul beim Ort Suwon breitet sich dort das alte Korea als Spielwiese einer vorgeblich heilen Welt aus. Mit der für das heutige Selbstverständnis kennzeichnenden Perfektion ist ein ausgedehnter Park mit Nachbildungen einstiger Bauernhäuser und ländlicher Paläste erbaut worden. In den Werkstätten wird geschmiedet und getöpfert. Mädchen sitzen am hölzernen Webstuhl. Im Kräuterhaus werden die Heilkräfte der Natur aufbereitet. Eine Schamanin sagt die Zukunft voraus. Spinnerinnen drehen ihre Räder. Unter dem von Zugochsen angetriebenen

Mühlstein zerbersten die Reiskörner. Alles überaus lebendig und in Betrieb und doch Generationen entfernt vom heutigen Korea. Es ist ein Schauplatz jener dörflichen Lebensweise, die radikal im Windschatten der Industrialisierung zurückgeblieben ist. »Wenn wir bei uns daheim solch schöne Häuser hätten wie die hier im Museum«, bemerkte ein Bauer, der mit seinen Dorfleuten staunend durch den Park von Yong-in spazierte, »dann ginge es uns wohl besser.« Manch einer der bäuerlichen Besucher trägt dieselbe volkstümliche Kleidung wie die lebensgroßen Puppen in einigen der Museumshäuser: weißer, breitkrempiger Strohhut, gelbe Seidenjacke, von einem bunten Steinknopf zusammengehalten, graue Pluderhosen, weiße Socken, die in flachen weißen Schuhen stecken.

Es ist eine Reise in die Vergangenheit. Respektgebietend sprechen die stummen Herrscherfiguren im Gouverneurspalast noch immer Recht. Gleich daneben im Gefängnis ist zu sehen, welche Folgen solche Urteile hatten; und die ausgestellten Folterinstrumente lassen ahnen, wie die Wahrheitsfindung zustande kam in diesem Lande, dessen Herrscher sich bis heute so schwer tun mit den Menschenrechten. In der düsteren Halle der vergitterten Zellen staut sich die Schlange der Neugierigen besonders dicht. Spätestens hier holt einen das Mißverständnis von der Idylle wieder ein.

Die beiden hochfliegenden Damen kehrten erhitzt auf den Boden zurück; zufrieden, das Spiel der frühen Jahre nicht verlernt zu haben. Zwei junge Mädchen folgten dem Beispiel. Jeans und Turnschuhe und modische Blusen trugen sie — eine für turnerische Übungen eigentlich besser passende Kleidung als der wallende Hanbok der Großmütter. Doch was war das! Ein Fehltritt, noch einer. Verlegenes Kichern. Das Brett nahm übel, rutschte von der Matte, erlaubte den Stümperinnen keinen Höhenrausch. Ringsum Schadenfreude. Die Teenager gaben auf. Großmutters Aufschwung ist nichts mehr für die Enkelinnen. Vielleicht kommen sie auf ihrem Weg nach oben ohne Wippe aus.

Weisheit in Holz

Der Weg zum Geist zieht sich lang und steil ansteigend hin. Durch Wälder führt der Pfad, an Felsen vorbei, Schluchten durchquerend. Ich war außer Atem, als ich endlich vor dem hölzernen Schatz buddhistischer Weisheit stand, der in den Anlagen des Haeinsa-Tempels bewahrt wird seit sieben Jahrhunderten. Eine Omnibuslinie verbindet das weitläufige Kloster mit der modernen, gesichtslosen Großstadt Taegu. Der eigentliche Aufstieg in die Höhen ewigkeitsgültiger Erkenntnis bleibt dem Wanderer vorbehalten. In den Ausläufern des Kayasan-Bergmassivs erhebt sich ein Tempelbau über dem anderen. Von Stufe zu Stufe steigt der Suchende näher zu den Überlieferungen namenloser Denker, passiert einladende Tore, bewundert eine gewaltiggroße Gebetstrommel, schreitet an farbenprächtigen Bildnissen buddhistischer Offenbarung vorbei und erreicht auf dem Gipfel des Klosterberges die beiden Hallen mit dem Erhabensten, was Haeinsa zu schützen hat.

Die Augen mußten sich erst an das Halbdunkel gewöhnen. Ich spähte durch die hölzernen Gitter. Der Eintritt bleibt gewöhnlichen Sterblichen versagt; und das ist gut so. Der Mönch im grauen Gewand lächelte freundlich, aber mehr als den Blick durch die mit Holzstäben verschlossenen Türen und Fenster erlaubte er nicht. Da stehen im Dämmer indirekten Tageslichtes übermannshohe Regale, wuchtig die Balken, derb geschnitten: die solide Lagerstätte einer Sammlung von mehr als achtzigtausend Druckstöcken. Vom chinesischen Hofe waren die ersten in Holz geschnittenen Druckvorlagen buddhistischer Schriften nach Korea gebracht worden, und zwar kurz nach der Jahrtausendwende, so fanden die Forscher heraus, die das Werk Tripitaka nennen, den buddhistischen Dreikorb. Die erste Ausgabe ging in Flammen auf, als Mongolenheere das Land überfielen. Die zweite, erhaltene Version entstand zwischen 1233 und 1251 auf der Seoul vorgelagerten Insel Kanghwa. Ein gigantisches Werk. Jedes Stück Holz wurde jahrelang im Meer gelagert, dann im heißen Sand getrocknet und abermals von Salzwasser gehärtet, ehe sich die Schnitzer an die Arbeit machten. Platte um Platte versahen

sie beidseitig mit chinesischen Schriftzeichen. Ich lauschte hinein in das Schweigen der seltsamen Bibliothek, in den Geist einer Hochkultur, das Gedächtnis vieler Generationen. Um die Ecke wurden Abzüge dieser Druckstöcke feilgeboten, klar und feingestochen wie am ersten Tage der Schnitzarbeit. Die geniale Technik erstaunt, mit der die Koreaner schon umzugehen wußten, als Europa noch Jahrhunderte auf einen Gutenberg warten mußte. Selbst dessen epochale Erfindung der beweglichen Metall-Letter haben koreanische Tüftler bereits zweihundert Jahre früher vorweggenommen.
Die Holztafeln von Haeinsa gleichen Büchern; und Bücher sehen am Ende des 20. Jahrhunderts wie Videokassetten aus — oder umgekehrt, in einem Regal nebeneinander stehend kaum zu unterscheiden. Dies kam mir in Haeinsa in den Sinn. Auf die Zukunft der elektronischen Speicher hat auch Südkorea in seiner Fortschrittsgläubigkeit gesetzt. Welch ein weiter Weg von den Tripitaka-Tafeln zu den Kassetten unserer Tage. Ein Stück Papier und ein wenig Farbe genügen, um die Zeichen von vorgestern sichtbar werden zu lassen. Welch technischer Aufwand ist erforderlich, den Videokassetten auf die elektronischen Sprünge zu verhelfen. Noch immer ist dem Weisen das Wissen der Vorfahren abrufbar wie vor sieben Jahrhunderten. Geist ist gefragt, nicht Technologie. Was wird in solch historischem Abstand dereinst von heutigen Videokassetten zu melden sein?

Visitenkartenduell

In der U-Bahn stand ich eingekeilt zwischen zumeist gutgekleideten Leuten, hielt mich im modernsten Verkehrsmittel Seouls wacker auf den Beinen und staunte wieder einmal über die vielen Herren in dunklen Anzügen; die meisten sahen auch in der Enge im Untergrund so aus, als seien sie gerade unterwegs zur Vorstandssitzung einer Bank oder eines Industriekonzerns. Ich fragte einen dieser Würdenträger, ob ich zu einer bestimmten Sehenswürdigkeit bereits bei der nächsten Station aussteigen müsse. Er schüttelte den Kopf, offensichtlich erfreut, mir eine Auskunft geben zu können, erklärte den weiteren Weg, beschrieb das zu besichtigende Gebäude und übergab mir mit gewisser Feierlichkeit seine Visitenkarte. Beim nächsten Halt verabschiedete sich der junge Mann, sprang auf den Bahnsteig und verschwand im Gewühl. Ich sah ihn nie wieder. Mir war nicht einmal Zeit geblieben, eine eigene Karte herauszuziehen. Ich las: »Pan Asia Service, K. T. Hong, Director General.«

Nun wäre ich wohl vor Ehrfurcht erstarrt, wenn mir das Visitenkartenspiel in Korea nicht schon vertraut gewesen wäre. Wo immer sich zwei Männer begegnen, kommt es zum Visitenkartenduell. Überall traf ich mit General-Managern, Chiefs, Direktoren und anderen Inhabern respektabler Positionen zusammen. Die oberen Ränge mußten so üppig besetzt sein, daß auf den unteren kaum noch jemand zu finden sein konnte. Es dauerte einige Zeit, bis ich lernte, die hochtrabenden Titel nicht mehr ganz so ernst zu nehmen. Auch Visitenkartenpapier ist geduldig. Bei so vielen Kim und Lee und Park, den Allerweltsnamen in Korea, ist der Drang nach individueller Aufwertung besonders ausgeprägt. Früher gab es in der strikt hierarchisch gegliederten Gesellschaft konfuzianischer Strenge die Kleidung, womit anderen die Stellung auf der Stufenleiter des Erfolges signalisiert werden konnte. Heute macht der dunkle Anzug alle Männer gleich bedeutsam. Was bleibt, ist der Titel. Auch Herren, die sich bereits kennen, nutzen die Gelegenheit, um bei jeder neuen Begegnung mittels Karte die gediehene Karriere zu belegen.

Die Kärtchen sind üblicherweise zweiseitig bedruckt. Mit lateinischen Buchstaben auf der einen, mit Hangul-Zeichen, der koreanischen Schrift, auf der anderen, zumeist durch chinesische Schriftzeichen ergänzt. Goldgerändert, auf Bütten, in Metallic-Farben, mit Schnörkeln, Symbolen verziert. Schon nach wenigen Tagen trug ich eine stattliche Sammlung mit mir herum; ein Stück vielversprechender als das andere, allesamt eine Beschämung meiner eigenen kargen Karte. Wenn ich gelegentlich nicht einmal die dabei hatte, fühlte ich mich anfangs wie nackt, gesellschaftlich nicht vorhanden. Ich spürte das dringende Bedürfnis, meine eigene Existenz erklären zu müssen. Es weckt Mißtrauen, wenn man sich nicht Karte um

Karte revanchieren kann. Man gilt als Spielverderber, als Außenseiter; als jemand, der entweder ganz oben oder ganz unten auf der Skala des Prestiges rangiert. Wer sich im koreanischen Mittelfeld herumschlägt, muß sich mit einer Visitenkarte wappnen. Es ist der Schein zum Sein.

An der Scheidelinie

Ich hatte das Gefühl, endlich anzukommen im widerspruchsvollen Südkorea, dessen Tourismuswerber nicht müde werden, es mit »Morgenstille« in Verbindung zu bringen. Was im Häusermeer von Seoul und anderen Riesenstädten vermißt wird, ist auf Seitenwegen zu entdecken. Ich näherte mich dem Magoksa-Tempel, unweit der Stadt Kongju im westlichen Landesteil. Einem Bache entlang folgte ich dem Pfad unter uralten Bäumen. Das Andenkengeschäft, das die großen buddhistischen Tempel andernorts bis auf eine religiöse Schamgrenze lautstark bedrängt, hält sich vor den Anlagen des Magoksa in erträglichen Grenzen.
Der Fußweg führt in ein schmales Tal. Mich umfing der stille Charme einer Landschaft, die kaum grelle Farben zu bieten hat, sondern ein Spiel der feinen Abstufungen inszeniert. Über allem schwebt ein zarter Film von Grau. Wie auf den Tuschezeichnungen, diesen andeutenden Bildern, auf denen ein Ast zum Wald wird, eine Welle zum Meer, ein Felsbrocken zum Gebirge. Der Geist malt aus, was der Künstler nur anreißt. Uralte Kunst des Weglassens, der ein paar Pinselstriche auf weißem Reispapier genügen. Durch eine solche Landschaft der Bescheidenheit schritt ich aus und kam wie ein Pilger zu dieser Stätte buddhistischer Innerlichkeit.
Im hölzernen Eingangstor blickten drohend und fratzenhaft die vier Himmelswächter auf den Besucher herab. Übermenschengroß, in aggressiven Farben bemalt; Pagode, Drachen, Schwert und Leier in Händen haltend, bereit, jeden feindlich gesinnten Eindringling zu zermalmen. Vor mir schlurfte ein weißgekleideter Greis durch das Tor, bedächtig in jedem seiner Schritte; ein Mann offenbar, der an

Elektronische Bevölkerungsanzeigetafel in Korea

der Scheidelinie zwischen diesseitigem Leben und anderen Formen des Seins angelangt war. Hoch ragt das Doppeldach des Haupttempels über die Wohnhäuser der Mönche, die Wirtschaftsgebäude des kleinen Bauernhofes, die steinernde Pagode mit der indisch-burmesischen Spitze. Ein Ort des Schweigens und Hineinhörens. Da der rauschende Bach, vom nahen Feld der aufmunternde Zuruf des Pflügers an seine Kuh; dort bimmelnde Glöckchen im Wind. Aus einem der Gebetshäuser mit den offenen Schiebetüren tönte das Taktaktak der hölzernen Trommel, der Moktat, herüber, die ein Mönch zu seiner Meditation schlug.
Ich setzte mich auf eine der Stufen. Aus den Niederungen der Betriebsamkeit war ich in die Höhen der Einkehr gelangt, weit entfernt freilich von den Einsichten, um die sich die Mönche in ihrer Abgeschiedenheit bemühen. In einem alten koreanischen Gedicht heißt es: »Über die Brücke wandert ein Mönch. / Halt ein! O Mönch, sag an, / Wohin des Weges? / Gelassen hebt er die Hand. / Deutet zum lichten Himmel / Und wandert schweigend weiter.«
Motive der Zeitlosigkeit? Nicht ganz. Die Gegenwart holt einen in Korea immer wieder ein. In einem der Nebentempel stehen weiße Karten mit Namen verehrter Verstorbener, darunter einige Fotos. Die Bilder von Opfern jener koreanischer Verkehrsmaschine sind zu sehen, die am 31. August 1983 über der Sowjetunion abgeschossen wurde. Daneben ein Porträt von Park Chung Hee. Er regierte Korea in den siebziger Jahren mit diktatorischer Härte. Am 26. Oktober 1979 ist er von seinem eigenen Geheimdienstchef erschossen worden. Politik in Südkorea ist ein rauhes Geschäft geblieben. In kaum einem anderen Land der Welt wurde in jüngerer Zeit so viel Tränengas verbraucht wie dort. Davon sprachen die Studenten, die ich im Magoksa-Tempel traf. Sie hatten sich für einige Wochen in seine insulare Ruhe mit der klaren, frischen Luft zur Besinnung zurückgezogen. Die jungen Leute redeten mit mir von Politik und nicht von Religion.

Das Denkmal koreanischen Zuwachses ragt zehn Meter hoch. Auf den Hauptplätzen von sechzehn Städten ist es zu bewundern, unübersehbar. Beispielsweise in Suwon. Ich quetschte mich aus der Schnellbahn heraus, die den Ort mit der nahen Hauptstadt Seoul verbindet. Tausende, Zehntausende schoben und drückten. Treppauf, treppab. Jeder war dem anderen im Weg. Auf dem Bahnhofsvorplatz leuchtete in nüchternen Zahlen auf, was die Menschen so unmittelbar bedrängt. Ein roboterhaftes Wesen steht da, beide Arme zehn Meter nach oben gestreckt, gleichsam um in dramatischer Geste etwas aufzuhalten, eine Flut, eine Katastrophe. Die Arme heben eine Tafel hoch, auf der den Ankommenden eine achtstellige Ziffer entgegenflimmert. Ich war der einzige, der verharrte, um genau hinsehen zu können: 41 953 967 las ich. Doch daran ist nichts Geheimnisvolles. Was als Ruhepunkt aus dem städtischen Durcheinander aufsteigt, ist die Bevölkerungsstatistik Südkoreas. Regelmäßig kommt eine Zahl dazu. Ich stoppte die Zeit: alle 55 Sekunden eins mehr. Eine Zahl? Ein Mensch! Bei jedem stummen Plus da oben auf der Tafel kommt irgendwo im Lande ein Kind zur Welt. Ein neuer Erdenbürger. Einer mehr, der sich in das koreanische Gedränge bohren wird.
Die elektronischen Roboterrechnungen gehören zum amtlichen Programm der Familienplanung. Als im Juli 1983 die 40-Millionen-Marke überschritten war, begann die »Parenthood Federation of Korea« (PPFK) solche Zeichen zu setzen. »Ein Kind ist genug«, heißt die dringliche Aufforderung, die vom 55-Sekunden-Nachwuchs so eindrucksvoll illustriert wird. Eine von oben angeregte Form tätiger Mitbestimmung, die Ermutigung jener Denk- und Lebensweise, die kritisches, selbstbewußtes Handeln verlangt. Just solches Tun, das, auf politisches Verhalten übertragen, unerwünscht ist und geächtet wird. Ein Dilemma, in dem Korea noch auf lange Zeit ein unberechenbarer Unruheherd bleiben wird.
Die Denkmale früherer Generationen hielten flammende Fackeln hoch; in ausgestreckten Händen der Statuen loderte das Feuer der

Freiheit. Für solches Pathos haben Koreas Obere keinen Sinn; sie vertrauen der Magie der Zahlen. Die Vision vom Volk ohne Raum wird zur Rechenaufgabe. Jeden Tag 1 700 Südkoreaner mehr, jeden Monat 51 000, jedes Jahr 630 000 — so zieht der Computer die Linie weiter in die Zukunft. Er ist das fortschrittliche Instrument, auf dessen Verläßlichkeit Koreas Macher die Entwicklung ihres Landes ausgerichtet haben. Die Zukunft wird nicht mit dem Rechenbrett der Väter geplant, sondern mit den Chips der Enkel.
Der nächste Schnellzug aus Seoul entließ seine Massen. Die neuerliche Brandung schob mich weiter. Ein letzter Blick in die Höhe. Gerade leuchtete wieder eine neue Zahl auf.

Philippinen

Martinez, der Filipino

Alberto B. Martinez hat die halbe Welt gesehen, und in ihm steckt die halbe Welt. Er ist Filipino. Der bullige Mann blickte finster, als wir uns bei einer Abendgesellschaft in Manila begegneten. Ein Typ, von dem ich annahm, daß er eher zuschlägt, als daß er einem zulacht. Weit gefehlt, über sein pockennarbiges Gesicht ging ein breites Lächeln bei meiner Frage, was das denn eigentlich sei: ein Filipino. Das Lächeln war bereits eine Antwort. Wohl die häufigste, die der Ausländer auf den Philippinen bekommt. »Ein Filipino?« sagte Alberto B. Martinez, »nehmen sie meine Herkunft. Ich bin ein City-Boy, also einer, der in Manila geboren wurde. Mein Name ist spanisch, weil das die Spanier vor langer Zeit mal so entschieden haben.« Er bot mir ein Bier an, dessen Marke San Miguel ebenfalls auf die koloniale Vergangenheit verweist. »Vielleicht ist an meiner Ahnenreihe auch ein Mann von der Iberischen Halbinsel beteiligt gewesen«, er lachte wieder, »wahrscheinlich sogar. Und schauen Sie meine Augen an. Die sind chinesisch. Und meine dunkle Haut ist malaiisch. Möglicherweise hat mein Stammbaum im oberen Geäst auch ein paar amerikanische Sprößlinge. Ich weiß es wirklich nicht so genau.« Er sagte »Cheers« und trank sein Bier. »Von den Spaniern habe ich meinen christlichen Glauben, von den Amerikanern meine Schulbildung«, fuhr er fort. Die einen waren mehr als drei Jahrhunderte im Lande, die anderen knapp ein halbes.

Ich hatte wieder philippinische Bilder vor Augen. Das Gotteshaus St. Agustin, beispielsweise, im historischen Teil von Manila, ist ein

Junge Filipinos vor einer alten spanischen Kirche auf der Insel Luzon

Denkmal der in Stein erstarrten, katholischen Macht. Die älteste der spanischen Kirchen hat Erdbeben, Brände und Kriegszerstörungen überstanden. In ihrem Halbdunkel riecht es noch heute nach Inquisition und Kasteiung. Der American way of life ragt hochgeschossig im Nobelviertel Makati in den Himmel. In Makati türmt sich ein Betongebirge von Banken, Hotels und Büros auf. Nach dem Kreuz ist nun der Kommerz alles beherrschend. Auf Verkehrsschildern steht »With a compliment from 7 Up«. Über dem ärmlichsten Gemischtwarenladen fern der Hauptstadt prangt eine Coca-Cola-Tafel. »Die Amerikaner haben uns den Fortschritt gebracht«, sagte Mr. Martinez, und in seiner Stimme schwang nicht der leiseste Hauch von Ironie mit. Als philippinischer Bürger in der US-Navy hat er diese Segnungen an der Quelle erleben können. Wir sprachen englisch miteinander. »In meiner Familie reden wir Tagalog, was als Filipino zur nationalen Sprache erklärt worden ist», sagte Alberto, »aber das ist ein politischer Wunschtraum. Denn es gibt in unserem Lande einige Dutzend anderer Sprachen, die alle Einflüsse aus dem Arabischen, dem Sanskrit, dem Mandarin, dem Spanischen haben. Amerikanisches Englisch ist Lingua franca.« Er füllte philippinisches Bier mit dem spanischen Namen nach.
Der stämmige Mann trug das weiße, transparente Seidenhemd mit Stickereien auf der Brust, Barong genannt, das sich zur nationalen Manneszier gemausert hat. »Übrigens«, sagte er dann, »übrigens stammt ja sogar der Name meines Landes aus Europa. Wir sind der einzige Staat, der einen spanischen König verewigt. In anderen Ländern werden die Denkmäler der Kolonialepoche gestürzt, Hauptstädte umbenannt, europäische Begriffe getilgt. Von dem Vorschlag, die Philippinen umzutaufen, habe ich noch nie etwas gehört.« Er lachte wieder und tippte mir auf die Schulter. »Sie wollen wissen, was ein Filipino ist. Lieber Freund, haben sie nicht eine leichtere Frage für mich?«

Ihr Lebensmotto hat biblischen Ursprung: So harmlos wie eine Taube und so klug wie eine Schlange zu sein, hat sie sich vorgenommen. Arcel Ann Fuentes lachte, als sie mir das erzählte. Die Heiterkeit der jungen philippinischen Frau schien zum ersten Teil ihrer Maxime zu passen. Arcel berichtete mir davon in den südöstlichen Bergen Mindanaos, der größten Insel im Süden der Philippinen. Dort steht das Bamboo-Hospital, das eng mit dem Namen Fuentes verbunden ist und den zweiten Teil ihrer Devise bestätigt.

Nach einhundertvierzig Kilometern erreichten wir von der Hafenstadt Davao aus die kühle Bergwelt New Bataans, wo über die Hügel verstreut die Menschen der völkischen Minderheit der Mansaka leben. Im Geländewagen waren wir auf asphaltierten Straßen gefahren, die schließlich in immer holprigeren Feldwegen endeten. Je weiter der Jeep auf die Höhen von New Bataan kroch, desto munterer wurde Arcel. Er war ihr anzumerken, daß sie, die Großstädterin von Davao, in ihr zweites Zuhause kam. Die Menschen winkten ihr zu; abgehärmte Gestalten, denen Entbehrung in den Gesichtern stand. Die älteren Frauen begrüßten Arcel. Menschen verschiedener Kultur und Herkunft begegneten sich. Arcel hatte einst eine kaufmännische Lehre absolviert, weil es die Mutter so wollte, aber die Sozialarbeit lockte das junge Mädchen aus bürgerlichem Hause viel mehr: »Ich hatte den Eindruck, in ländlichen Regionen mehr gebraucht zu werden als in den kapitalistischen Unternehmen, die die Menschen ausbeuten.« So ein Bekenntnis geht ihr heute glatt über die Lippen. Die Sprache der bäuerlichen Bewohner von New Bataan ist es nicht. »Oh, die waren mißtrauisch«, erzählte Arcel während des Rundganges im Bamboo-Hospital; »wissen Sie, die Menschen in den Bergen sind vorsichtig gegenüber den Leuten aus dem Tiefland. Sie fürchten stets, wenn Christen oder andere aus den Städten kommen, ausgebeutet zu werden; sie fürchten, daß ihnen Land gestohlen wird und man sie aus den Bergen vertreibt. Nein, die Leute waren nicht sehr freundlich, als ich das erstemal kam.« Das war vor einigen Jahren. Arcel erinnerte sich: »Vor uns haben bereits Missionare der verschiedensten Konfessionen hier gewirkt. Aber das war nicht besonders gut. Die Missionare haben die Einheimischen verdorben. Die Kirchenmänner gaben ihnen Nahrung und Kleidung, damit sie in die Kirche kamen. Als wir anfingen, war es schwierig, weil die Leute glaubten, wir würden ihnen wie die Missionare etwas schenken.« Das war ein Mißverständnis: »Wir hatten nichts zu vergeben«, erklärte Arcel, »aber wir boten den Leuten an, gemeinsam ihre Probleme anzugehen und mit ihnen zusammenzuarbeiten.« Arcel hatte für das Bamboo-Hospital einen Kreis von Freunden begeistert. Ihr Unternehmungsmut steckte die Bergbewohner an und trug ihr die Feindschaft reicher Leute und die einiger Regierungsstellen der Region ein, denen soziales Engagement von unten verdächtig ist.

In einem parkähnlichen Areal stehen die Häuser des Bamboo-Hospitals. Erste-Hilfe-Raum. Isolierstation. Unterkünfte für die Betreuer. Eine Bibliothek. Alles im Bungalowstil aus einfachen Materialien gebaut. Der Name ist eigentlich unzutreffend; Sozialzentrum wäre angemessen; ein Mittelpunkt menschlicher Begegnungen in einer unwirtlichen Landschaft. In den Behörden der zwanzig und mehr Kilometer entfernten kleineren Städte regiert der Staat. In den Bergen aber leben Rebellen mit schillernden Ideen und sehr konkreten Gewehren. Das Bamboo-Hospital steht zwischen den Fronten. Arcel ebenso. Sie ist Individualistin. »Ich glaube, meine Begabung liegt darin, etwas zu organisieren, zu initiieren«, sagte sie; »wenn ein Projekt läuft, fühle ich mich nicht mehr herausgefordert. Es kann der Gemeinschaft übergeben werden. Ich starte ein neues.« Die junge Frau ist Protestantin. »Religion?« erwiderte sie, als ich danach fragte, und wies bei der Abfahrt durchs Fenster des Jeeps hinüber zum Hospital, wo uns die Mansaka nachwinkten, »das ist meine Religion. Ich rede mit den Menschen hier nicht viel über Religion. Ich praktiziere sie.«

Die Idylle ist für europäische Augen perfekt. Palmen, Sand und Segelboote. Ein milder Wind kräuselt die blauen Ausläufer der Sulusee. Fischerhütten auf Pfählen, mit Nipablättern gedeckt. Lächelnde Gesichter ringsum. Eine heile Welt im Nordwesten der philippinischen Insel Negros, so scheint es dem weitgereisten Besucher. Bis hierher reicht keine elektrische Leitung. Über keiner der Hütten schwankt eine TV-Antenne. Barangay Nayon heißt das Nest, das die handelsüblichen Landkarten verschweigen. Neugierig und freundlich empfangen die Fischer den Gast, der in Begleitung des Distriktpfarrers gekommen ist, um etwas vom Alltag unter Palmen zu erfahren.

»Wollen Sie das wirklich wissen?« fragt Fidel, der jugendliche Sprecher der dörflichen Fischervereinigung, und sein wettergebräuntes Gesicht legt sich in Falten der Skepsis. Dann kramt er aus seiner Hütte eine Holztafel und Kreide hervor und schreibt »Problema« ganz oben auf die Tafel, mit diesem verbalen Erbstück aus der spanischen Kolonialzeit alles zusammenfassend, was die vermeintliche Idylle fadenscheinig werden läßt. »Illegales Fischen« ist Punkt Nummer eins, den Fidel sachlich erklärt. »Wir haben kaum noch eine Chance, mit unseren schmalen Booten einen Fisch herauszuholen. Mit den großen Schiffen der Hochseefischer können wir gar nicht konkurrieren – und mit den Kriminellen, die mit Dynamit fischen, auch nicht.« Das nächste Stichwort heißt »Pollution«, und die Rede ist von den Abwässern der nahen Zuckerfabrik, deren giftige Stoffe ungefiltert in die See geleitet werden und die Fische verseuchen. »Gesundheit« folgt mit dem Hinweis, daß hier kaum jemand über Geld zur Vorsorge, für richtige Ernährung und Medikamente verfüge. Ausbesserung und Neubau von Booten? »Mangel an Material« steht dazu auf der Tafel, und für »Education« sind auch nur geringe Mittel und Möglichkeiten zu verbuchen. »Bevor wir aber unsere Verhältnisse ändern können, müssen wir uns über deren Ursachen einig sein«, sagt Fidel unter dem Beifall der Nachbarn. Der Gast fühlt sich allmählich wie in einem Seminar über dörfliches

Elend — ein Seminar freilich, das nicht irgendwo in einer europäischen Akademie stattfindet, wo über ferne Menschen und deren Nöte diskutiert, sondern das von den Betroffenen selbst bestritten wird.
»Noch irgendwelche Probleme?« fragt Fidel in die Runde. »Die reichen doch wohl«, antwortet eine alte Frau für alle. Der Besucher spürt indes Unbehagen. Wie steht es denn mit der möglichen Lösung all dieser Probleme? Fidel dreht die Tafel um und schreibt groß »Solution« auf die Rückseite. »Petition«, lautet das erste Wort, Hinweis auf Vorstelligwerden bei Behörden und Politikern, Ausdruck eines Geistes, der nicht mehr still zu dulden bereit ist, sondern sich seiner Rechte bewußt wird und dafür kämpft. Da steht es denn auch gleich an zweiter Stelle: »Konfrontation« und auf Platz drei: »Rallye«, die philippinische Bezeichnung für Straßendemonstration. »Wenn wir uns nicht selbst zu Wort melden, hört uns doch niemand zu«, sagt Fidel, der seine Lehrzeit bei der Fischereigewerkschaft gut bestanden hat. »Cooperative« schreibt er schließlich und erklärt die philippinische Version von »Einigkeit macht stark«.
Hinter den Palmen löst sich die sinkende Sonne in leuchtendes Rot auf, ein phantastisches Fotomotiv. Der Gast bemerkt das Farbenspiel gar nicht, so sehr fesselt ihn der Anschauungsunterricht im Fischerdorf an der Negros-Küste, wo noch keine Touristen eingeflogen werden.

Fenster zur Sulusee

Zamboanga an der Südwestspitze der Insel Mindanao gebärdet sich als waffenstarrende Garnison, fest in Christenhand, die das ferne Manila führt. Seit Jahrhunderten ist Zamboanga ein christlicher Dorn im Fleische der Muslime, die hier schon siedelten, lange bevor die Katholiken in dieser Ecke der asiatischen Welt aufkreuzten und Macht beanspruchten. Blutige Revolten gegen die Eindringlinge haben Tradition und sind gefahrvolle Gegenwart und Erklärung dafür, daß in Zamboanga die Reise an den Rand der Sulusee von Staats und Sicherheit wegen endet.

Trügerische Idylle am Rande der Sulusee im Süden der Philippinen

Das Lantaka-Hotel ist direkt ans Wasser gebaut: ein vorgeschobener Posten philippinischer Gastronomie, der südlichste, der für Touristen legal erreichbar blieb. Das Meer vor meinem Fenster kräuselt sich in dunstigem Blaßblau wie wäßrige Tinte. Eine phantastische Vorstellung, von hier aus in den Suluarchipel zu schauen: auf das Meer zwischen Mindanao und Borneo, dessen zahlreiche Inseln den Menschen und dem Islam verläßliche Brücken bauten. Das Fenster wird zum Bilderrahmen, in dessen Bildfläche das schwarze Dreieck eines winzigen Segelbootes schwebt. Fischerkähne knattern durch das Pastellgemälde. Rauchiger Dunst saugt alles Schwere auf. Der zarte Strich zwischen Himmel und Wasser läßt an Joseph Conrads Schattenlinie denken. Die Ahnung von Abenteuer liegt in der Luft. Tief einatmen.
Dickbauchige Fährschiffe in rostigem Weiß schieben sich ins Blickfeld. Ein grauer Zerstörer der philippinischen Navy repräsentiert staatliche Macht. Drüben im verwaschenen Blau des Morgens Santa Cruz. Lange schmale Boote tuckern herüber, um in Blechkanistern frisches Trinkwasser für das quellenlose Eiland zu holen. Der Wind trägt eine Lautsprecherstimme vom Hafen herüber, die irgendwelche Reisende mahnt, an Bord zu gehen. Knallbunte Auslegerboote ankern und halten sich mit ihren weitausholenden Bambusstangen auf den Wellen fest. Bettelnde Kinder turnen in einem Ruderboot, die Aufmerksamkeit der Fremden auf sich ziehend. Fischflink tauchen die Gören ins Wasser, wenn ein silbernes Pesostück heruntergeworfen wird und blinkend in die durchsichtigen Wellen sinkt. Weit entfernt und nicht mehr zu sehen: die Insel Basilan und noch weiter im Süden die Insel Jolo, beides Zentren militanter Muslime, beide Kampf- und Krisengebiet und daher für Touristen gesperrt. Das Fenster wird zur Kommandobrücke eines imaginären Kreuzers, der für Touristen fest vertäut liegt und nicht mehr in die Sulusee aufbricht, solange dieser Krieg andauert. Lange noch, ist zu fürchten.

Sie schwimmen wie Fische, tauchen wie Wasservögel und segeln wie Regattameister. Alles schwankt in ihrer Welt, die auf die Wellen der Sulusee gebaut ist; doch wirklich unsicher fühlen sich die Samals vom Volke der Bajaus nur, wenn sie festen Boden unter den nackten Füßen spüren. Ihr Element ist das Meer zwischen den südlichen Inseln der Philippinen und der nördlichen Küste Borneos. Seezigeuner werden sie genannt; und auch dort, wo sie Pfähle in seichte Gewässer treiben und Hütten aus Bambus und Brettern daraufstellen, wie es die Samals an den Gestaden der Insel Basilan tun, haben sie zu den Landbewohnern ein gespanntes Verhältnis.
Eine der Behausungen auf wogendem Grund ist die Schule, eingerichtet von hilfreichen Lehrern aus Maluso, gefördert von Terre des Hommes. Heute ist Maltag. Hingekauert auf den Bambuslattenrost des Bodens, durch dessen Ritzen das Wasser schimmert, vertrauen zwei Dutzend Kinder dem Papier zeichnend an, wie sie sich selbst und ihre Zukunft sehen.
»Fischen bedeutet unser Leben. Die offene See ist unser Himmel«, hat Peldon neben sein Gemälde geschrieben. Andere Fußnoten geben Alltagshinweise. »Wir sind sechs in der Familie. Jeden Tag gehen mein Vater und mein Bruder zum Fischen«, skizziert Pacita ihr junges Leben, »meine Mutter kümmert sich um den jüngeren Bruder. Meine vier Schwestern weben Matten. Wir sind arm, unsere Bedürfnisse sind gering.«
Arm zu sein und zum Lebensunterhalt der Familie beitragen zu müssen, gehört zu den frühen Selbsterkenntnissen. »Ich fange Krabben und Shrimps«, bemerkt Maljid, »ich muß für die Familie sorgen. Von meinem Geschick hängt es ab, ob meine Geschwister satt werden oder nicht.« Und Sonohaya schrieb neben ihr Boot: »Ich verkaufe Küchlein, jeden Tag, auch wenn dicke Wolken aufziehen. Ich muß Geld verdienen.« Dieser Hinweis wiederholt sich variantenreich. »Ich handle mit Seefrüchten von meiner Banca aus, mit der ich jeden Tag von Haus zu Haus rudere«, läßt Jumharija wissen. Der Schulkamerad Tawhari versteht es, mit Zahlen umzugehen,

wie seine Auskunft unter dem gezeichneten Schifflein verdeutlicht: »Dies ist meine Banca, mit der ich die Leute von einem Hafen zum andern fahre. Das kostet 50 Centavos. Wir sind sechs Geschwister. Wir sind Waisen. Als Ältester bin ich für meine jüngeren Brüder und Schwestern verantwortlich.«

Eines fällt dem europäischen Betrachter auf: Der Zeichenstift wird nicht zum Vehikel für eine imaginäre Flucht. Das Reich der Samal-Träume ist das, was unmittelbar vor den Pfahlbauten liegt: das Meer mit den vielen Inseln. Kaum ein Kind setzt zum großen Gedankenflug in Märchen oder ferne Regionen an. Klaira ist die einzige, die ihren Wunsch auf festen Grund und Boden stellt: ein solides protziges Haus mit Swimmingpool und Auto, wie es als Vorbild wohl auf einer Illustriertenseite hierher geweht sein mag. »Ich möchte eine reiche Frau werden«, hat Klaira zielbewußt darunter geschrieben. Die anderen Kinder ziehen ihre Wasserwelt allen anderen Welten vor. »Ich möchte ein angesehener Mann in unserem Dorf werden«, erhofft sich Abdusali, »ein guter Headman, der die Samals fair und gerecht führt.« Für Matigre ist klar: »Ich möchte Kapitän eines Schiffes werden, Geld sparen und ein eigenes Boot kaufen.« Sein Freund Malik, von ebensolchem Begehren erfüllt, hat bereits eine Idee, wie das Schiff heißen soll: »Ich würde es ›Endless Love‹ nennen.« Samal-Kinder fürchten sich nicht vor den Stürmen der See, sondern vor den Gewittern an Land. Einer der Buben sieht sich offenbar nur ungern in der Rolle leidender Opfer am Rande gewaltvoller Auseinandersetzungen. »Ich bitte Allah, einen Soldaten aus mir zu machen, damit ich mein Volk vor Unterdrückung schützen kann«, schreibt Sailaddin an diesem Schultag und malt sich mit schwarzem Bart und grüner Uniform.

Indonesien

Großmutters Geschichten

Ich hatte es schäbig und heruntergekommen in Erinnerung. Aschenputtelhaft vergessen war Gedung Merdeka bei meinem Besuch in Bandung gewesen. Mitte der siebziger Jahre. Als ich das Haus der Freiheit nun wiedersah, strahlte es in frischem Kleide, weiß herausgeputzt und einladend, als wollte es wieder Geschichte machende Gäste aufnehmen wie einst im März anno 1955. Doch gefehlt. Das neue Gewand war dem Gebäude angelegt worden, um eben dieser Geschichte zu huldigen: fünfundzwanzig Jahre nach der Konferenz von Bandung, die erstmals die politischen Führer jener Welt zusammenbrachte, die später die Dritte genannt wurde. Ein kleines Museum konserviert heute die hochgeschraubten Hoffnungen von damals. Dokumente und historische Fotos halten die Aufbruchstimmung eines neuen Zeitalters fest, das längst auch über den Tagungsstil jener Bandunger Geburtsstunden hinweggegangen ist. Gedung Merdeka stimmt nachdenklich.

»Concordia« hieß das Gebäude zur holländischen Kolonialzeit, als es die feine Gesellschaft im westlichen Java anzog. Ein halbes Jahrhundert später ist es Ort nostalgischen Nachsinnens nicht nur darüber, was aus den Blockfreien geworden ist, die hier in Bewegung kamen. Nachsinnen auch über die Konferenzsucht, von der die Welt epidemisch in Bandung angesteckt worden ist. In jenem Gedung Merdeka an der Afrika-Asien genannten Straße wurde noch erdverbunden miteinander geredet. Das deftige Gebäude mit den Rundungen eines holländischen Provinztheaters hat so gar nichts

gemein mit den wolkenkratzenden Nachkommen, den heutigen Kongreßsilos. Bei der Bandunger Konferenz kamen die Größen der Zeit ohne Klimaanlage aus, ohne Simultandolmetscher, ohne die perfekte Konferenztechnik, die heutzutage die Kommunikation so einfach macht und der Verständigung so wenig nützt.
Damals, als Gedung Merdeka seinen ersten frischen Anstrich erhielt, gab es auch jenen Profi noch nicht: den Berufsdelegierten, der im klimatisierten Luxushotel nächtigt und im klimatisierten Kongreßsaal tagt. Ein klimatisierter Mercedes bringt ihn dorthin, auf breiten Straßen im weiten Bogen um die Slums, die der Konferenzprofi bestens aus den Statistiken kennt. In fünf Sprachen gleichzeitig wird seine diesbezügliche Rede übertragen; und düsengetrieben hastet er weiter zum nächsten Tagungsort, der von Gedung Merdeka verdammt weit entfernt liegt.
Der große Saal ist leer. Der begleitende Freund berichtet vom jüngsten Kongreß an dieser Stätte: einer Tagung von Bäckern und Konditoren. Ein gigantischer Kuchen sei aufgetürmt gewesen, wo sich nun die gewölbte Saaldecke über eindrucksvolles Nichts breitet. Kein Stuhl, kein Rednerpult, kein Mikrophon — nur Raum für Phantasie. Gedung Merdeka wirkt wie eine behäbige rundliche Großmutter nach erfolgreichem Face-Lifting. Sie erzählt alte Geschichten. Aber niemand hört ihr zu. Die hochgewachsenen Enkeltöchter schnattern andernorts viel zu laut und massenmedienverstärkt.

Ein malvenfarbener Tupfer

»Parahiangan« heißt der noble Zug, der mich von Bandung nach Jakarta trägt. Abfahrt um 5 Uhr, zu pechschwarzer Morgenstunde. Die Zughostess im roten Kostüm, eine Batikschärpe kess über die Schulter geworfen, nimmt Bestellungen entgegen.
Kurz nach 5 Uhr 30 geht zur Linken die Sonne auf. Zaghaft durchleuchtet sie Dunst und Nebel über den Dörfern, mischt sich mit dem Rauch der Morgenfeuer. Da liegt es noch in geheimnisvollem Violett, das Java der Bilderbücher mit Schluchten und steilen Hängen,

Buddha-Figur auf dem Borobudur in Zentraljava

das Java der uralten Reiskultur. Die Sonne blitzt in den Sawahs, den Naßreisfeldern, die terrassiert bis in die höchsten Hügel ansteigen. Jedes Stück Erde ist genutzt. Die Nachtbläue am Himmel wird allmählich von der aufsteigenden Sonne verdrängt. Draußen erwachen die Dörfer. Da werden Kleinkinder von ihren Müttern unter den Wasserstrahl eines Bambusrohres gehalten. Dort treibt ein Bauer seinen Büffel zum Feld.
Rundumblick im Abteil. Beamte, die zu irgendeinem Meeting in die Landeshauptstadt fahren müssen, lesen in ihren Zeitungen; blitzblank geputzt die Schuhe, Dienstkleidung mit kurzärmeligem Hemd, Kugelschreiber sichtbar, den goldenen Amtsadler am Revers. Studenten, die vom Besuch daheim zur Universität in die Kapitale aufbrechen. Auf anderen Bänken chinesischstämmige Männer; weiß deren Hemden, dunkelblau die Hosen, Aktenköfferchen auf dem Schoß. Mir gegenüber eine junge Frau, die einen weißen Hosenanzug trägt, hochhackige Schuhe, den Kopf in ein malvenfarbenes Tuch gehüllt, das islamischer Sitte des westlichen Java gemäß nur das Gesicht freiläßt; kunstvoll geschlungen, von einer silbernen Brosche zusammengehalten. Eine reizvolle Frau, umgeben von einer Aura aus Verlockung und Rühr-mich-nicht-an. Gelangweilt blättert die Dame in einer Frauenzeitschrift. Mit dem »Parahiangan« reisen heißt sich in die Mittelschicht einreihen.
Die Eisenbahn führt durch das andere Indonesien, das ländliche, wo noch immer die übergroße Mehrheit lebt und Traditionen und Werte eine Bedeutung behalten haben, die in den Städten längst brüchig geworden sind. Das Fenster wird zum Rahmen eines Filmes mit den langsam abrollenden Szenen dörflichen Alltags. Eine unendliche Ruhe liegt über dem Geschehen da draußen. In Tausenden von Jahren sind die Hänge gestaltet, ist die Natur von menschlichem Überlebenswillen geprägt worden. Immer wieder schiebt sich die Schlange der ockerrot gestrichenen Wagen durch die kurze Nacht der Tunnel; und jedesmal ist es ein warmes Aufleuchten, wenn der Zug erneut ins pastellene Morgenlicht Javas eintaucht.
Die Hostess und einer ihrer jungen Kollegen, der sich eine schwarze Fliege um den weißen Hemdkragen gebunden hat, servieren heißen

Tee, Nasi Goreng, Lumpia. Bevor die Muslim-Madame an ihrem Glas nippt, nickt sie mir zu, um mit javanischer Höflichkeit mein Einverständnis einzuholen. »Silahkan«, sage ich einheimischer Sitte entsprechend, bitteschön.
Gegen 7 Uhr wird's flacher. Die Landschaft geht über in die Weite ausgedehnter Felder, die keiner Terrassierung mehr bedürfen. Weniger Wasserbüffel, mehr Motorpflüge. Die dörfliche Geborgenheit eng zusammenstehender Holzhäuser im Schatten von Bananenstauden und Palmen weicht der Gesichtslosigkeit einer zersiedelten Region. 7 Uhr 45 ein Halt im Bahnhof Jatinegara, der ersten Station der Acht-Millionen-Metropole. Menschen, Menschen, Menschen. An schwarzverkohlten Brückenunterführungen kleben die Behausungen der Ärmsten. Um 8 Uhr rollt der »Parahiangan« in den Bahnhof Gambir ein. Endstation. Der urbane Moloch schluckt die Ankommenden wie hunderttausend andere, die als Pendler täglich die Hauptstadt zusätzlich bevölkern. Die elegante Muslim-Dame zieht ihr Kopftuch fester. Ein letztes freundliches Nicken. Ein Lächeln aus schwarzen Augen. Der malvenfarbene Tupfer geht unter im Gewühl.

Frühstück im Nachtclub

In einem Nachtclub zu frühstücken mag ein Beweis ausschweifenden Durchhaltevermögens sein. Nicht so am Sonntag morgen im »Blue Ocean« an der Jalan Hayam Wuruk in Jakarta. Ein träger Autostrom schiebt sich durch die breite Doppelstraße an dem grellblauen Kunststoffkasten vorbei, der wie der riesige Körper eines Containerschiffes auf Grund gelaufen zu sein scheint, eingezwängt zwischen Geschäftshäusern, Büros und Hotels. Nachts leuchtet in großen Lettern »Blue Ocean« an der fensterlosen Fassade. Wenn am Morgen die Schrift verblaßt, ist Wachwechsel.
Junge Paare kommen, denen anzusehen ist, daß sie sich hier öffentlich und in Übereinstimmung mit gesellschaftlichen Regeln sehen lassen dürfen. Eltern treffen ein, die ihre ausgelassenen Kleinkinder

im Zaum halten. Vereinzelte Greise, denen die Freuden der Nacht, wie sie vom Glaskasten mit den Bildern der Sängerinnen im Parterre versprochen werden, nichts mehr bedeuten, schlurfen herbei, um die frühen Freuden eines weiteren Lebenstages zu genießen. Komplette Großfamilien mit gebrechlicher Großmutter und dem Baby in Mutters Arm verschwinden im Dämmer des »Blue Ocean«, der auch bei steigender Sonne von keinem Tageslicht erreicht wird. Die gemischte Gesellschaft verteilt sich um die runden Tische jenseits von Bühne und Tanzfläche. Verödet ist das Rund, auf dem sich noch ein paar Stunden zuvor die engumschlungenen Paare drehten. Verstummt die Instrumente der Band, die elektronisch verstärkt den Sound der Neuzeit in den Saal schrie. Nicht eine der Animierdamen ist mehr zu sehen. Aus dem Nachtclub ist ein bürgerliches Restaurant geworden.

Zwischen sieben und zehn Uhr am Sonntag morgen wird Frühstück serviert im »Blue Ocean«, ein Ereignis für Kenner und Insider — und das sind hier fast ausschließlich Angehörige der chinesischstämmigen Minderheit, nach deren Geschmack geräuschlos umhereilende Kellner die winzigen Spezialitäten auftragen. Emsig und leichtfüßig sind die Bedienungen mit Holztabletts unterwegs, auf denen in Bambusdosen und auf blaugemusterten Porzellanschalen all die Genüsse duften und dampfen, die die chinesische Küche weltberühmt machen. Dazu wird Jasmintee geschlürft, höllisch heiß, bitter-aromatisch und ohne Zucker. Aus dem Lautsprecher fließt chinesische Unterhaltungsmusik, sanft und einschmeichelnd.

Während dieser Stunden sind die Angehörigen der ungeliebten Minderheit unter sich, leise sprechen hier die Menschen, die es nicht leicht haben in Indonesien und es auch ihren nichtchinesischen Mitmenschen nicht immer leichtmachen. Ein Stück lebendiges China mitten in Jakarta. Daß auf diese Weise der Tanzsaal während einer für solche Orte toten Zeit auch noch ökonomisch einträglich genutzt wird, erscheint wie eine Fußnote zu all den Geschichten um die chinesische Geschäftstüchtigkeit.

Die Bilder sind austauschbar. In Abidjan, Rio oder Jakarta beispielsweise. Draußen die Bettler, die Schuhputzer, die zerlumpten Kinder, diese millionenfach personifizierte Entschlossenheit zu überleben; drinnen die Fremden, die Kellner, die aufgeputzten Ladies, dieser grenzenlose Luxus aus der Tiefkühltruhe. Glasscheiben und uniformierte Türhüter trennen die Welten, die zu überfliegen im Zeitalter des Wohlstandstourismus so einfach geworden ist, wenn man zu denen gehört, die drinnen sind und Ferien machen in jener Welt, die deklassierend die Dritte genannt wird.
Beim Lunch im »Borobudur« mitten in Jakarta prüfte der deutsche Freund zwischen zwei Gängen seine Hotelrechnung der vergangenen Tage nach. »Wie lange die hier wohl arbeiten müssen, um so eine Summe bezahlen zu können?« Er deutete mit dem Kopf zu den dienstbaren Geistern um uns herum, die lautlos über den Teppichboden flitzten. Er hatte das in einem beiläufigen Ton gefragt, der gar keine Antwort erwartete. Ich versuchte trotzdem eine.
Da gibt es nämlich eine Faustregel. Der Übernachtungspreis auf einer dieser touristischen Inseln im Meer der Armut entspricht dem Monatsverdienst einer durchschnittlichen Familie. Man muß sich das vorstellen: um eine einzige Nacht in einem der Luxushotels ihrer Hauptstadt absteigen zu dürfen, müßte eine einheimische Familie einen ganzen Monat lang schuften. Mindestens einen Monat lang. Natürlich ist das bloß ein Vergleich. Von den einfachen Leuten in Jakarta oder Abidjan oder Rio käme keiner auf die Idee, eine der Nobelherbergen auch nur betreten zu wollen. Was im Restaurant für den Touristen ein Mittagessen kostet, reicht aus, um draußen eine ganze Familie eine Woche lang zu ernähren. So spiegelt es die Statistik wider. Ein Zerrspiegel. Das monatliche Durchschnittseinkommen in Indonesien beispielsweise wird mit fünfzig DM angegeben. Diese Summe würde nicht einmal ausreichen, um eine halbe Nacht im »Borobudur« zu bezahlen. Aber sogar diese bescheidenen fünfzig DM in der Statistik schließen ja alle Einkünfte der Indonesier ein; darin stecken die Millionen der Wenigen und das Wenige

der Millionen. Die meisten von ihnen haben nicht einmal fünfzig DM monatlich zur Verfügung.
Der Freund im »Borobudur« legte die Rechnung beiseite, um sich dem Dessert widmen zu können. Er murmelte etwas von abstrakten Zahlenspielen. Ich stimmte zu. Das in Geld ausgedrückte Monatseinkommen sagt nur bedingt etwas aus. Gerade im dörflichen Bereich eines Landes wie Indonesien funktioniert noch immer eine Art Selbstversorgung ohne Geldaustausch. Doch es ist letztlich die Relation, die das Gefälle zwischen den reichen Touristen und der Mehrheit der Einheimischen deutlich werden läßt: das Verhältnis zwischen dem, was einer verdient, und dem, was er sich dafür leisten kann. In der Bundesrepublik liegt das durchschnittliche Monatseinkommen über zweitausend DM. Wer käme trotz steigender Kosten auf den Gedanken, daß eine einzige Hotelübernachtung für einen Gast aus München oder Köln mehr als zweitausend DM betragen könnte?
Der Freund lächelte gelangweilt. »Vergleiche hinken bekanntlich«, sagte er. »Lassen wir das Thema«, schlug er vor und bestellte einen Kaffee, nachdem er das Serviermädchen mit einem Fingerschnalzen an den Tisch gerufen hatte. Strahlend, als habe er der jugendlichen Kellnerin damit einen Liebesdienst erwiesen, notierte sie sich die Order. »Thank you«, sagte sie sanft.

Doch der Tokek schweigt

Der knarrende Ruf des Tokek hallt durch die Nacht. Gespannt lauschen die Menschen im Dorf auf Java diesem uralten Laut, der wie eine Botschaft aus prähistorischer Zeit ertönt. Tokek, Tokek, Tokek.
Abgehackt meldet sich das Echsentier in der schwülen Dunkelheit. Sein Ruf klingt wie sein Name. Es ist, als reibe sich trockenes, hartes Holz an der Knitterhaut des langschwänzigen Vierfüßlers, wenn das Reptil seinen Klagelaut grenzenloser Einsamkeit ausstößt, das metallische Klirren der Grillen übertreffend.
Die Menschen zählen mit. Im gelben Flackerschein der Petroleum-

lampe kauern sie vor der Hütte. Sie liegen schlaflos auf ihren Matten. Sie schleichen über schmale Pfade zum heimlichen Treff mit der Geliebten. Tokek, Tokek, Tokek.
Dem zählenden Jüngling schwebt ein Mädchengesicht vor Augen. Jetzt noch ein Ruf, ein einziger Ruf dieses geheimnisvollen Tieres aus den schwarzen Abgründen der Zeitlosigkeit, dann wird sich das Sehnen erfüllen. Der Kranke lauert auf den nächsten, den letzten Laut, der die nahe Gesundung ankündigen soll. Der Bauer erhofft sich Kunde, wann der lebensspendende, lang vermißte Regen fällt. Noch eines dieser bedeutungsschwangeren Signale aus einer anderen Welt. Eines nur. Lauschen in der Nacht. Schmerzhaft wird das Warten.
Doch der Tokek schweigt.

Bambus ist immer dabei

Der Anblick verblüfft den europäischen Passanten. Nahe dem Präsidentenpalast in Jakarta wird ein neues prunkvolles Regierungsgebäude aus dem teuren Boden gestampft, der in diesem Viertel das Zentrum der Macht im indonesischen Inselstaate markiert. West-östliche Architektur geht da eine Ehe ein, über deren Stil und deren Kopie griechischer Säulen man streiten kann. Die Baumaschinen sind letzter Technikschrei, das viele Meter hohe Gerüst aber ist klassisch-bodenständig: es ist aus Bambus.
In allen Städten Südostasiens, selbst im super-fortschrittlichen und auf westliche Technologie eingeschworenen Singapur, läßt sich diese Art von Häuserbau beobachten. Kühle, nüchterne Fassaden aus Stahl, Glas und Beton wachsen, umgeben von einem verwirrenden Geflecht aus Bambus-Stangen, in die Höhe. Das Beispiel beweist eindrucksvoll, wie auch im Zeichen neuer Zeiten das Bewährte seinen Platz behalten kann. Um die Jahrhundertwende hat sich ein Japaner einmal die Mühe gemacht, die Bambus-Nutzung in eine systematische Liste zu bringen. Seine Aufzählung enthält 1084 Stichwörter, vom Musikinstrument Angklung bis zum simplen Zahnsto-

cher. Seither ist manches aus der Mode gekommen oder wurde von industriell hergestellten Gegenständen überholt. Aber Bambus ist nützlich und nährend geblieben wie eh.

Schon auf dem Wege zu einem asiatischen Dorf begegnet einem ein Stück praktischer Bambus-Verwendung. Stämme vom Umfang eines Oberschenkels, zu Röhren von ein bis zwei Metern geschnitten, zusammengebunden und über die Schultern von Mann und Frau gelegt, dienen als Transportbehälter für Wasser und Palmwein. Kilometerweit werden so die Flüssigkeiten getragen. Es gibt auch Wasserleitungen. Zahlreiche Ortschaften haben zwischen den Quellen und Sammelbecken im Dorf halbierte Bambusrohre verlegt, die einer europäischen Regenrinne ähnlich sind. Mit leichtem Gefälle angebracht, auf hölzernen Stützen ruhend, leiten solche Bambus-Aquädukte das lebensnotwendige Naß mehrere Kilometer weit. Eine Art angepaßter Technologie, zu deren Erfindung die Menschen Asiens keine weitgereisten Entwicklungshelfer gebraucht hatten. Das gilt auch für den Fischfang. Aus gespleißtem Bambus werden Fallen gebogen und geflochten, die unter Wasser liegen und den Fischen zum Verhängnis werden. Ob Auslegergestänge bei Booten, ob die Aufbauten von Ochsenkarren, ob Brücken oder Flöße, stets wird dazu Bambus verwendet. Er ist leicht, biegsam, wasserdicht. Diese Qualitäten erklären unter anderem, warum der Gast, schließlich in einem Dorf angekommen, nicht lange nach Bambus zu suchen braucht. Fast jedes Haus eignet sich zu Studienzwecken. Die traditionellen Langhäuser Borneos beispielsweise haben Fußböden aus Bambuslatten, die eng aneinandergereiht bis zu zehn Meter tief und hundert Meter breit sein können, also eine Fläche von tausend Quadratmetern ausmachen: eine schwankende, aber von Baumpfosten stabil getragene Lebensgrundlage eines ganzen Dorfes. Auch Kochlöffel, Dampfgefäße für den Reis, Schüsseln, Schalen — alles aus Bambus. Während die Mutter mit der Essensvorbereitung beschäftigt ist, wiegt die ältere Tochter das Baby in den Schlaf. Der Säugling liegt in einer Stoffbahn, die an einem Viereck aus Bambusrohren befestigt ist und an Stricken von den Dekkenbalken aus demselben Material hängt.

Kinder auf einem Kerbau, dem indonesischen Wasserbüffel

Plastik, Blech und Zement haben auch in sogenannten Entwicklungsländern das Leben bereits nachdrücklich verändert, wobei allein der Gebrauch eben dieser modernen Materialien für viele Leute schon Entwicklung bedeutet. Doch kein neuzeitlicher Werkstoff hat bisher das neben den Produkten der Palmen am vielfältigsten genutzte tropische Naturgeschenk Bambus im Alltag der meisten Menschen beiderseits des Äquators ersetzen oder verdrängen können. Vor allem im ländlichen Bereich stützt und trägt das Riesengras den langen Lebenslauf: Bambus von der Wiege bis zur Bahre.

Alis Büffel

Seit Menschengedenken waren es einzig die Palmwipfel, die über das zentraljavanische Dorf Sudihardjo und seine Reisterrassen hinausragten. Neuerdings sind es aneinandergebundene Bambusstangen, deren in der Sonne blinkende Drahtfinger am höchsten in den Himmel greifen und aus dessen luftigen Weiten die Bilder einfangen, die auf den drei Fernsehfenstern im Dorf allabendlich zu sehen sind. Natürlich können sich nur die reichsten Leute im abgelegenen Dorf solche elektronischen Ausblicke leisten, aber in guter indonesischer Tradition stehen Türen und Fenster den ärmeren Nachbarn offen.

Auch Ali, der sechsjährige Bauernbub, dessen Familie zu den weniger Begüterten zählt, kennt daher längst die Bilder aus der anderen Welt, der modernen, von Maschinen angetriebenen, wo beispielsweise Wasserbüffel ziemlich unbekannte Lebewesen sind. Ali hat sich darüber gewundert, als er das erste Mal Filme aus den Regionen ohne Büffel und Reisfelder sah. Der schwarze Büffel, mit dem der Vater pflügend über die wasserdurchtränkte Erde der Sawahs zieht, ist Alis Kamerad. Sie wuchsen gemeinsam auf wie Geschwister. Der Kerbau, wie solch ein muskelstrotzendes Tier heißt, wurde Alis Obhut anvertraut, so wie sich die Buben der anderen Familien um deren Büffel kümmern müssen. Jeder im Dorf kennt seinen Platz, an den ihn das Schicksal gestellt hat im gesellschaftlichen Gefüge: oben oder unten. Alis Platz ist an der Seite seines Kerbaus, und wenn ihm danach zumute ist, steigt Ali auf den Rücken des geduldigen Kolosses. Ein Kerbau kann stur sein wie ein Panzer, aber auch mit energiegeladener Ausdauer stundenlang den Holzpflug durch die Sawah-Erde zerren. Dieser Fleischberg auf kurzen stämmigen Füßen, diese eigenwillige Persönlichkeit reagiert auf das Zungenschnalzen eines Knaben wie Ali und folgt dessen sanftem Zug am Halteseil wie ein Hündchen. Ali und sein Kerbau verkörpern das uralte Bild javanischer Harmonie, wenn beide auf dem ausgetrampelten Weg zur Suhle sind, in dessen schwarze Schlammbrühe der Büffel alsbald vergnüglich eintaucht und sich ausruht von des Tages Feldarbeit. Ali und den Kerbau verbindet eine gleichermaßen zweck- und gefühlvolle Freundschaft. Und doch ist vieles anders als zu Zeiten, da Alis Vater, selbst noch ein Knabe, für seinen Kerbau zuständig gewesen war.

Schon lange braucht ein Büffel keinen seiner jungen schwachen Freunde mehr mit rasendem Rammbockgewicht und säbelförmigen Hörnern vor angreifenden Tigern zu schützen, wie es in den Erzählungen der Alten heißt. Darüber lachen heute Ali und seine Freunde. Es gibt keine Tiger mehr auf Java. Ali, der Sechsjährige, der von den flimmernden Bildern auf den Apparaten der Nachbarn weiß, was ein Traktor ist, zieht dem Rücken seines Kerbaus bereits eine andere sich fortbewegende Sitzgelegenheit vor: den Rücksitz der Honda des großen Bruders, der Ali manchmal mit seinem Motorrad zur Spritztour in die Kreisstadt mitnimmt. Dort beginnt mit den vielen Autos und vollen Geschäften die Welt, in der keine Kerbaus mehr gebraucht werden. Ali fährt gern in die Stadt.

Abfall

Sie hat die dürren Beine von sich gestreckt. Nur ein paar Lappen bedecken den ausgemergelten Körper, der wie ein weggeworfenes zusammengeknülltes Stück Papier auf dem Gehsteig liegt. Wäre sie jung und hübsch und gesund, würden ihre Haltung und die nackte

Haut in diesem Land der vielen züchtigen Tabus als unanständig gelten. Doch die alte Frau verletzt niemandes Schamgefühl. Sie bleibt unbeachtet am Rand der Straße Senopati mitten in Yogyakarta, dem kulturellen Zentrum der Insel Java. Ein staubigstinkender Wurm aus Motorrädern, Autos, Pferdewagen, Fahrrädern und Bussen kriecht vorbei an dieser Frau. Sie hat um sich zerfetzte Plastikbeutel, Stoffreste, Blechbüchsen und schmutzige Tüten gebreitet. Wertlosigkeit ist relativ. Die Gestalt aus Haut und Knochen ist vom Straßendreck kaum zu unterscheiden, ist selbst Abfall, dessen Zugehörigkeit zur Spezies Mensch nur noch in den Augen fortlebt: todtraurigen Augen, die dem Gewühl ringsum mit einer stumpfen Mischung aus Einsamkeit und Lethargie zuschauen. Die Frau sagt nie ein Wort. Sie bettelt nicht wie die vielen anderen, die an den Straßenrändern Yogyakartas gestrandet sind, die Hände wie Opferschalen erheben und von den Passanten mit Geschrei eine Gabe verlangen. Sie hält kein Baby in den Armen, das das Mitleid der Vorübergehenden wecken soll. Sie verkauft nichts, fordert nichts, ist einfach da. Jeden Morgen wieder bis spät in die Nacht hinein. Dann taucht sie unter im schwarzen Labyrinth der Gassen. Sie ist allein, in einem für das familienfreudige Indonesien absoluten Sinne allein: ausgestoßen.
Ich lasse ein Hundert-Rupiah-Stück in ihre Hand rollen. Ein krallenartiger Griff packt die Münze. Ein Blick schnellt nach oben. Überrascht, erschreckt, angstvoll. Bruchteile von Sekunden. Dann starrt die Frau wieder vor sich hin.

Gleichmaß

In den Spiegeln der Reisfelder schimmert Javas Seele. Nirgends eine Kante, sanfte Bogen nur. Gleichmaß überall. Rund und weich und freundlich. Vollendet in der Form, doch niemals fertig. Schwer liegt da der Schlamm des Seins, von Büffelhufen zermalmt und zermalmt, von Pflügen geknetet, von Frauenhänden mit leuchtendgrünen Sprößlingen befruchtet. Reis ist Leben, das in den Sawahs seine

Wurzeln hat. Kulturlandschaft. Landschaft alter großer Kulturen. Sie ist da, die neue Zeit mit sogenanntem Fortschritt. Reichere Reissorten als Ergebnis moderner Forschung belohnen der Menschen Mühen, die vor Jahrtausenden begannen. Düngemittel aus der industriellen Retorte lassen die Garben schwellen, von Generationen gehegt und gepflegt. Ruhig, von keinem Lufthauch bewegt, bietet sich dar das gerade bepflanzte Feld, irdenes Ebenbild des Himmels. Beider Tiefe bleibt dem Auge verborgen. Das edelste Prinzip heißt Harmonie. Stets erstrebt. Stets gefährdet.
Sie sind da, die Millionen Menschen, deren Münder schneller wuchsen als der Reisfelder Ertrag. Ein Wolkenbruch zertrümmert die Spiegel, die eben noch glatt und gleißend waren. Tausend Splitter spritzen.

Gleichklang

Jeden Sonntag üben die Tänzer im Kraton von Yogyakarta. Ein frühlingsmilder Hauch streicht durch die offenen Seiten der Halle im Sultanspalast, umschmeichelt die nackten Füße unter langem Batikgewand und trägt mit sich die metallenen Stimmen des Gamelans. Kein lautes Wort, kein Kichern, keine Geste der Ungeduld.
Der Tanzmeister mit dem Kris auf dem Rücken lenkt leise. Der Greis läßt die Schüler sein gebrechliches Alter vergessen. Biegsam wie Reishalme im Winde setzt er seine Schritte, die Zehen nach oben gebogen, Fingerhaltung und Blick, wie es die überlieferten Regeln gebieten. Asketisch der Körper, durchgeistigt das Gesicht, in dem der Lebenslauf die Unterschiede zwischen männlich und weiblich verwischte: ein Wesen, das auf den weichen Wellen des Gamelans gleitet. Holzstäbe schlagen Gongs aus Messing. Der Bogen entlockt den Saiten der Rebab zitternden Gesang. Langgezogen klagt die Bambusflöte, die Suling heißt. Kein Fortissimo, kein instrumentaler Ausbruch, kein Crescendo, das einem turbulenten Finale entgegenstrebt. Gleichklang. Ruhe. Von Traditionen gebändigtes Gefühl. Javanisches Gamelan tönt so, wie Reisfelder aussehen.

Wir schüttelten uns wie nasse Hunde und grüßten lächelnd hinein ins Halbdunkel des Batakhauses. Es roch nach verbranntem Holz, ranzigem Kokosnußöl und Geborgenheit. Einem Hafen gleich erschien uns das hölzerne Haus, dessen pyramidenförmiges Dach dem Unwetter trotzte. Wenn es regnet auf der Insel Samosir mitten im Tobasee, dann brechen himmlische Dämme. Zuerst hatten wir uns vor den stürzenden Fluten unter die Bäume geflüchtet. Doch im Nu troff es durch den Blätterschirm. Dankbar folgten wir dem einladenden Winken einiger Batakmädchen, hasteten hohe Stufen aus Steinbrocken hinauf und retteten uns ins Haus ihrer Familie. Anfangs schienen Scheu und Neugier bei den Bewohnern nicht minder groß zu sein als bei den hereingeregneten drei Fremden. Aber noch ehe sich unsere Augen ans Dämmerlicht gewöhnt hatten, wurde unser Lachen erwidert. Frauen, Kinder, Säuglinge hockten und lagen auf Matten, eingerollt in bunte Sarongs.

Wir tauschten Besorgnis über die Naturgewalten aus; und als dieses Thema sich erschöpft hatte, begann einer von uns zu singen, zaghaft leise erst, schließlich fröhlich laut. Europäische Volkslieder. Wir stimmten ein, und nach einer Pause der Überraschung fingen die Kinder an, den Takt zu klopfen. Dann sangen sie selbst. Lieder aus Indonesien und Lieder ihrer Heimat im Norden Sumatras, wo der Tobasee liegt. Wir wischten uns die letzten Regentropfen aus den Gesichtern und lachten. Auch die Kinder um uns herum lachten. Ein kleines Mädchen sprang auf und tanzte. Wenn seine nackten Füße gegen das herumstehende Geschirr auf dem Boden stießen, wurde die Musik aus Kinderstimmen, unserem Händeklatschen und dem Trommeln des Regens auf dem Wellblechdach um Scheppern und Klirren bereichert. Ausgelassene Heiterkeit umfing uns. Eine Stunde lang schien der Graben überwunden zu sein, den eines der Mädchen bei der Begrüßung mit dem Hinweis markiert hatte: »Wir sind arme Leute.« Der gemeinsame Gesang verwischte den Unterschied zu unserem relativen Reichtum irgendwo im fernen Europa, der solche Reisen möglich macht. Ein deutschsprachiges Lied. Ein

Abendstimmung am Tobasee

bataksches Lied. Wir fühlten uns nicht als konsumierende Touristen, für die eine Schau abläuft. Wir gaben uns der Illusion hin, Gebende und Nehmende in einem zu sein. Menschen unter ihresgleichen.
Dann fiel das Wort. Eines der Mädchen sagte: »Geld«. Ein anderes machte die Daumen-Zeigefinger-Bewegung und sah uns fordernd an. »Uang – Money – Geld« – mehrsprachig tönte es schließlich im Batakhaus auf der Insel Samosir, wo der Tourismus längst seinen Einzug gehalten hat. Wie zuvor der Sturzregen aus heiterem Himmel geplatzt war und die Sonne fortschwemmte, so verflog unsere Illusion. Ein Mädchen öffnete die Hand eines Säuglings, streckte uns dessen Fingerchen hin, sagte: »Malaria«, und dann: »Geld«.

Der lange Daumennagel

Es ist abenteuerlich, von Kotamobagu, hochgelegen im nördlichen Zipfel von Celebes, auf indonesisch Sulawesi genannt, hinunter zum Hafenstädtchen Inobonto zu fahren. Der abschüssige Feldweg im Schatten der Palmenhaine ist voller Schlaglöcher. Wenn es regnet, drehen die Räder des kleinen Busses im Schlamm durch. Die mitreisenden Marktfrauen, Händler, Studenten, Beamten steigen aus und schieben das Fahrzeug ebenso selbstverständlich, wie sie vor Flüssen ihre Hosen hochkrempeln und die Röcke heben, um zu Fuß durch die Fluten zu waten, während der Bus mit Vollgas das Wasser passiert. Fremde verirren sich selten nach Inobonto. Ungepflasterte Hauptstraße, Markt, Schiffsanlegestelle, mit Wellblech oder Palmblättern gedeckte Holzhütten, ein paar Steinhäuser der lokalen Verwaltung, eine halbfertige Moschee, ein protestantisches Kirchlein mit Spitzturm – alles scheint in Inobonto mit zwei, drei Blicken überschaubar zu sein. Jedenfalls denkt das der Fremde, nachdem die Mitreisenden im Ort verschwunden sind und der Kleinbus zur Rückfahrt gestartet ist. Wenn sich hinter ihm die Staubwolke legt, senkt sich eine Decke von Zeitlosigkeit über die kleine Stadt an der Celebes-See. Niemand kümmert sich um den europäischen Ankömmling. Keine bettelnde Kindermeute stürzt sich auf ihn wie an manchen Bahnhöfen Javas. Kein Schuhputzer bietet seine Dienste an. Kein einziger Händler scheint bei seiner Ankunft ein Geschäft zu wittern. Inobonto läßt sich nicht stören. Die Menschen schlurfen mit ihren Plastiksandalen über sandige Wege. Es ist heiß in Inobonto, der Äquator nicht weit.

»Iola mach das Zimmer«, sagt Jotje, der Besitzer des Gasthauses Tepi Laut neben dem Hafen, nachdem er sich mit dem unerwarteten Gast auf einen bescheidenen Preis geeinigt hat. Ein dickliches Mädchen öffnet die Kammer, verscheucht eine Kakerlake von der Matratze, fegt den Staub aus dem offensichtlich seit langem unbenutzten Raum und stößt die Fensterläden auf. Der Wind trägt das Meeresrauschen herein. Irgendwo kräht ein Hahn.

Während des abendlichen Bummels durch Inobonto komme ich mit Cornelius ins Gespräch. Der Junge erzählt über sich und seine Träume. Einige Monate zuvor ist der 18jährige aus Manado zurückgekehrt, aus der nordöstlichen Metropole dieser vierarmigen Insel Sulawesi, die wie ein verstümmelter Seepolyp in indonesischen Gewässern liegt. In Manado hat Cornelius die Mittelschule besucht und bei Verwandten gewohnt. Nach all den Schuljahren hat er ein Diplom mitgebracht. Das Papier bestätigt ihm den erfolgreichen Abschluß. Mehr nicht. Vergeblich hat Cornelius in Manado nach Arbeit gesucht.

»Was würdest du am liebsten tun?« — »In einem Büro arbeiten.« Er zuckt die Achseln. »Aber die sind ja alle schon besetzt«, sagt er bedauernd. »Und wie ist es in Inobonto?« — »Ach«, meint er, »ohne Beziehungen keine Chance.« — »Was willst du nun hier tun?«

Cornelius zögert. An der linken Hand hat er einen überlangen Daumennagel. Seht her, signalisiert dies allen Leuten, seht her, ich brauche nicht mit meinen Händen zu arbeiten, ich bin ein studierter Mann. »Ich weiß es nicht«, sagt er dann.

Den Rest des Weges gehen wir schweigend durch die laue Nacht. In Inobonto gibt es keine Straßenbeleuchtung. Aus der offenen Tür eines Hauses malt der Schein einer Petromaxlampe ein helles Viereck auf die Hauptstraße.

Denkmäler, die auf Dorfplätzen und Straßenkreuzungen lokale Heroen der Vergangenheit preisen, solange Gips und Ölfarbe den tropischen Wettern trotzen, stehen überall in Indonesien. Ein Denkmal, das den düsengetriebenen Fortschritt in den südlichen Himmel hebt, ist nur in Ende zu bestaunen. Der Name dieses Städtchens mag deutschem Sprachverständnis geographisches Abseits suggerieren. Für die Menschen der Insel Flores im östlichen Winkel des indonesischen Archipels aber bedeutet Ende der Mittelpunkt ihrer Welt: regionales Verwaltungszentrum; Sitz des katholischen Erzbischofs; Hafen zur Sawusee; ein Kino, über dessen Leinwand weithergeholte Bilder flimmern; und asphaltierte Straßen, die am Stadtrand in miserable Pisten münden. Für die Bauern im Hinterland von Ende bietet die kleine Stadt sichtbaren Unterricht in Sachen Fortschritt; und manch ein Kind, das unter strohgedeckter Dorfschule schwitzt, träumt vom späteren Schreibtischjob in Ende als dem Anfang einer Beamtenkarriere.

Durch die Fenster einiger Amtsstuben ist das Denkmal zu sehen. Es reckt sich acht Meter hoch, steht auf zementenen Füßen und ist hohl. Symbolträchtiger könnte die Rakete aus Blech und Silberbronze gar nicht sein. Als die ersten Amerikaner auf dem Mond landeten, hat ein lokaler Verwaltungschef das himmelweisende Ding errichten lassen. Auf dem weiten Platz nahe dem Meer ragt die Scheinrakete in die Höhe, die sie niemals erreichen wird; und der Besucher kann sich des Eindrucks nicht erwehren, daß dieses Phallus-Symbol des 20. Jahrhunderts auf Flores in die falsche Richtung weist. Draußen in den Dörfern pinseln ungelenke Hände »Apollo« an die Hauswände und malen Raketen wie jene von Ende daneben – draußen in den vielen Dörfern, in die noch nicht mal eine elektrische Leitung führt, die Nabelschnur des Fortschritts.

Ternate wird von manchem Sturm gebeutelt; und niemand kann sicher sein, daß der Vulkan, um den sich das Inselleben breitet, nicht doch einmal wieder Lavamassen spuckt wie vor Jahren und die Menschen unter sich begräbt. Aber vor einer anderen Gefahr sind sie in absehbarer Zeit wohl geschützt: von einer Touristenflut überschwemmt zu werden. Die kleine Insel im Norden der Molukken liegt im Windschatten anderer indonesischer Reiseziele wie beispielsweise Bali. Wenn heutzutage ein Europäer mit einem der unregelmäßigen Frachtschiffe im Hafen von Ternate anlegt oder der kleinen »Fokker Friendship« auf der Grasnarbe entsteigt, die von den Einheimischen gern Flugplatz genannt wird, dann kann der weitgereiste Gast noch immer das Gefühl haben, etwas Besonderes zu sein. Daran mußte ich denken, als mir die Kinder in den Gassen des Städtchens an den westlichen Ausläufern des Vulkans hinterherliefen und immer wieder brüllten: »Fotografier mich mal!« Auch mancher Erwachsener war wie besessen, auf meine Filme gebannt zu werden. Ohne Scheu und Scherereien. Einige schienen es als Ehre zu empfinden, wenn sie von der Kamera des Europäers erfaßt wurden.
Frühere Reisende mußten da andere Erfahrungen machen. Als der deutsche Forscher Dr. Willy Kükenthal 1896 diese Breiten Indonesiens durchstreifte, notierte er: »Es ist nicht leicht, die Eingeborenen zu fotografieren.« Daß sein prächtiges Buch, das der Mann aus Jena später veröffentlichte, dennoch mit vielen Fotos ausgestattet werden konnte, hängt mit einem Trick zusammen. Dem europäischen Publikum verriet Willy Kükenthal: »Am besten glückte es mir durch eine Art Überrumpelung, indem ich meinen Apparat an einem günstigen Platz fertig aufstellte, die betreffenden Opfer genau an den bereits in den Focus eingestellten Ort brachte und losdrückte.« Eben dies wurde dem Forscher übelgenommen. »Nachher beschwerten sich die Leute häufig genug, ich hätte ihre Seelen in den verdächtigen Kasten eingefangen«, so berichtete er damals.
Solche Sorgen scheint auf Ternate kein Mensch mehr zu haben. Manch einer sagte sogar »danke«, wenn mein Apparat geklickt hat-

te. Niemand hielt Trinkgeld fordernd die Hand auf, wie es Balinesen bei fotografierenden Fremden längst tun, sich ihres Motiv-Wertes bewußt. Von den Entwicklungsstufen im Umgang mit Touristen — nämlich Kamera-Angst, Kamera-Lust und Kamera-Profit — haben die Menschen auf Ternate erst die zweite erreicht. Noch wird die kleine Insel im Norden der Molukken nur von Wind und Vulkan bedroht.

Ein Hauch von Holland

Unverkennbar: Ein Hauch jener holländischen Welt, die sich einst Indonesien zum Untertan machte, ist im Haus des Rajas von Soya erhalten geblieben. Das Dorf Soya erstreckt sich terrassenförmig einige hundert Meter über die Hänge der Insel Ambon im Zentrum der Molukken. Der Aufstieg ist mühsam; ein Wolkenbruch hat die einzige Brücke über eine tiefe Schlucht weggerissen. Ein paar Kilometer weit pendeln zwei Kleinbusse auf den steilen Wegen. Die restliche Strecke muß zu Fuß überwunden werden. Nach zwei Stunden ist es geschafft.
Rast im Raja-Haus. Holländischer Kolonialstil. Auf der luftigen Veranda stehen Korbstühle. Den Eingang markieren zwei kleine Kanonenrohre. Chinesisches Porzellan, geschnitzte schwere Möbel, ein Teeservice im Jugendstil, vergilbte Fotografien an den Wänden, die molukkische Würdenträger in holländischen Uniformen zeigen — all das gibt dem Haus etwas Museales. Hier regierte einst der lokale Fürst, einer von mehreren Dutzend Rajas auf der Insel Ambon. Ein solcher Fürst war der lange Arm der Kolonialmacht. In der dem Haus gegenüber errichteten protestantischen Kirche hat die Raja-Familie von Soya eine eigene, erhöhte Bank, in deren Rücklehne eine Krone geschnitzt ist. Muster und Machart deuten auf holländischen Einfluß hin.
René Rehatta, der amtierende Raja von Soya, empfängt uns: ein Mann in den Fünfzigern, ein jugendlich-sportlicher Typ. Das dünne Bärtchen auf seiner Oberlippe verleiht ihm eine Spur von Extrava-

Dorf auf der Insel Seram im Archipel der Molukken

ganz südländischer Herkunft, für die auch der in diesen Breiten ungewöhnliche Vorname René spricht. Von all den Rassen und Regionen, die ihre Vertreter in die Molukken schickten, blieben Spuren zurück. »Ñora Rehatta«, sagt der Raja, als er uns mit seiner Frau bekannt macht. Die Anrede Ñora ist ein portugiesisch-spanisches Erbe. Die Frau des Rajas hat eine indonesische Mutter und einen deutschen Vater. Der arbeitete einst auf West-Neuguinea, dem heutigen — zu Indonesien gehörenden — Irian Jaya, im Holzgeschäft und war nach dem Zweiten Weltkrieg nach Deutschland ausgewiesen worden. In Hamburg verloren sich seine Spuren für Mutter und Tochter. »Er hieß Paul Weiß«, erklärt die Ñora in indonesischer Sprache. Deutsch hat sie nicht gelernt; ihr ist Holländisch zur zweiten Muttersprache geworden wie vielen Indonesiern der älteren Generation, deren Familien ehedem hochgestellt und holländisch beeinflußt waren. Auf Ambon leben noch zahlreiche von ihnen. Die Eltern sprechen untereinander Holländisch; den Kindern ist es ein unverständliches Idiom. Sie lernen in der Schule die nationale indonesische Sprache.

Für den Vater des heutigen Rajas von Soya waren Repräsentation und Politik noch lebensfüllend gewesen. Der Sohn René ist keine Machtfigur mehr. Die politische Neugestaltung nach der Proklamation der Republik Indonesien 1945 hat die Mitsprache der traditionellen Führer beschränkt. Im Hause Rehatta änderte sich das Bild total. Der Raja ist hauptberuflich beim staatlichen Radio in Ambon beschäftigt. Er wohnt mit seiner Familie unten in der Provinzhauptstadt. Nur wenn es die Tradition verlangt, steigt er in die Höhe des Dorfes Soya hinauf. Beispielsweise am Feiertag Cuci Negeri.

Das ganze Dorf ist auf den Beinen. In langem Umzug bewegen sich die Menschen durch die abschüssigen Gassen. Seit Jahrhunderten wird in Soya einmal im Jahr das große Reinigungsfest, Cuci Negeri, gefeiert. Es dient nicht nur der äußeren Säuberung von Dorfplätzen und Häusern; es soll auch das Fest der inneren Erneuerung sein und Anlaß zur Besinnung. Der Umzug der Dorfbewohner, Bauern zumeist, endet vor der Kirche neben dem Raja-Haus. Dort nehmen der Fürst und seine Frau die Huldigungen entgegen. In den Ansprachen

ist von Einigkeit und Gemeinsamkeit die Rede. Alle Dorfbewohner, die am Umzug beteiligt sind, umschlingt ein einziges, viele Meter langes weißes Tuch – das Symbol der Zusammengehörigkeit der Menschen von Soya. Tanzend und singend bewegen sie sich zum Raja-Haus. Flaschen mit Genever und anderem Alkohol kreisen von Mund zu Mund. Der Rundfunk-Redakteur und seine Frau schlüpfen für einen Tag und eine Nacht wieder in die uralte Rolle der Regenten. Die Tradition will es so.
Wenn sich der europäische Gast nicht völlig täuscht, sind die Zustimmung und Verehrung echt, die dem Paar aus der Bevölkerung von Soya entgegengebracht werden. Ob die Menschen allesamt ein Stück Vergangenheit beschwören? Ein Stück der vermeintlich guten alten Zeit?

Der Underdog

Ein paarmal drohte der Jeep im abschüssigen Schlamm steckenzubleiben, als wir von Samarinda nach Teluk Dalam fuhren, wo Pak Rahman mit seiner Familie wohnt. In der Nacht hatte es zwar nicht sehr stark geregnet, ein Schauerguß nur der seit Monaten überfälligen Regenzeit im östlichen Borneo; doch der Guß war ausreichend gewesen, die steilen Hänge der Straße aufzuweichen. Zwanzig Kilometer liegen zwischen der Hafenstadt am Mahakam und den vier Siedlungen von Teluk Dalam, für die vor ein paar Jahren flußfern und mitten in den Wäldern der Platz freigeschlagen wurde – von oben wie lichte Flecken im grünen Blättermeer anzusehen, auf die eine Riesenhand zufällig spielzeugähnlich kleine, weiße Häuser hat fallen lassen: ein paar Stücke neuer Heimat im dünnbewohnten Kalimantan für Zuwanderer, die aus den übervölkerten Inseln Java und Bali im Rahmen des nationalen Umsiedlungsprogrammes »Transmigrasi« gekommen waren. Pak Rahman ist einer der zweitausend Familienväter, die in der Einöde kümmerliches Land unter die Hakke nahmen. Mir wurde schnell klar: Pak Rahman, der 45jährige, ist der falsche Mann am falschen Platz.

Der Mann hockt auf der Treppe vor seinem Haus, das zur staatlichen Grundausstattung für Transmigranten ebenso gehört wie Saatgut und Nahrungsmittel für die ersten beiden Jahre. Ein schüchternes Lächeln begrüßt den unerwarteten Besucher aus der Stadt. Die Ehefrau, an Leibesfülle und Statur ihren Mann überragend, bleibt an eine Bretterwand gelehnt stehen, einen Säugling auf dem Arm. In beider Gesichter flackert Mißtrauen auf. Ich werde gebeten, mich auf den Rand des Bettgestells zu setzen, des einzigen Möbelstücks in der schmucklosen Holzhütte mit rohen Wänden, an denen trockene Wasserränder vom undichten Dach künden. Ein Präsidentenporträt, Teil der behördlichen Standardausrüstung, hängt als einziges Bild im Raume. Nichts liegt da herum — was weniger auf Ordnungsliebe der Bewohner schließen läßt als vielmehr auf deren Armut. Ich bitte Pak Rahman, ein wenig von sich und seiner Herkunft zu erzählen. Er spricht laut und mit knappen Sätzen, wie jemand, der einer Amtsperson einen Bericht erstattet.
Seine Lebensskizze ist die Variation eines Grundmusters, dem ich auf Reisen schon so oft begegnet bin. Mit Frau und fünf Kindern war der Mann aus der Hauptstadt Jakarta ins Transmigrantendorf gekommen; das sechste Kind wurde bereits in Teluk Dalam geboren. Bis 1965, bis zum gewaltigen, blutigen Umsturz in Indonesien, war er einfacher Beamter bei der staatlichen Eisenbahn. Seine Gewerkschaftszugehörigkeit, nicht aus politischer Überzeugung, sondern als Mitläufer, wurde ihm zum Verhängnis. Nein, kein Gefängnis, dessen Mauern sich hinter so vielen anderen ehemaligen Gewerkschaftsmitgliedern für Jahre schlossen, aber das Ende einer bescheidenen, bis dahin einigermaßen gesicherten Existenz. Unter den neuen militärischen Machthabern verlor er seinen Job und wurde aus der Bahn geworfen — in des Wortes doppeltem Sinne. Gelegenheitsarbeiter unter den Millionen in Jakarta. Kärgliches Überleben in den ärmsten Vierteln. Transmigration schließlich als ein Versuch, wieder Boden unter die Füße zu bekommen. Fehlende Erfahrung, deren Folgen durch die extrem lange ausgebliebene Regenzeit verstärkt wurden, führte zum Fiasko.
Wir gehen über ein völlig ausgetrocknetes Reisfeld neben der Behau-

sung. Tiefe Risse durchziehen den Boden, den die Sonne zu harten Klumpen gebacken hat. Einzelne dürre Pflänzchen strecken taube Ähren von sich. Das Saatgut für die nächste Feldbestellung ist aufgegessen. Warten auf die nächste Ration. Warten auf Regen. Warten auf Wunder, an die von den Rahmans niemand glaubt. Ob er sich vorstellen könne, im dritten Jahr auf eigenen Beinen stehen zu können, wie es Ziel der Transmigrationspolitik ist? Pak Rahman schüttelt mit finsterer Miene den Kopf. »Sulit«, sagt leise seine Frau, es sei schwierig; ein Wort, das den Lebenskampf der Familie auf einen Nenner bringt. Pak Rahman lächelt verlegen.
Ich treffe den Mann zum erstenmal, und doch ist mir, als hätte ich schon oft in ein solches Gesicht geschaut. Underdog. Mir fällt kein anderes als dieses englische Wort ein, um Pak Rahman und seine Brüder überall auf der Welt zu benennen: die Unterdrückten, die ewigen Pechvögel, die selber so selten Entscheidungen treffen, weil das immer schon andere für sie besorgt haben; die sich abstrampelnden Hungerleider, die bis zum Mittag so müde sind, daß ihnen kein Gedanke an den Abend oder an das Morgen mehr bleibt.
Ersparnisse? Bargeld? Pak Rahman verneint und duckt sich wie ein geprügelter Hund. Leidensfähigkeit ersetzt Selbstbewußtsein. Der Mann mit dem zerfurchten Gesicht und den müden Augen rafft sich zu einer Frage auf. Während er zögernd spricht, sind seine schwarzen Zahnruinen zu sehen. Ob wir ihn denn im Auto mit nach Samarinda nehmen könnten. In Teluk Dalam könne er bei der Trockenheit doch nichts machen, und in der Stadt finde er vielleicht einen Job, um ein paar Rupien zu verdienen.

Das Feuer

Der Wald brennt. Von ferne ist es nur eine leichte, blaue Wolke, die rauchig über den Bäumen liegt. Nichts, was den unkundigen Beobachter beunruhigt. Erst in nächster Nähe entzündet sich Dramatik. Feuer frißt sich durchs Unterholz, schwelt hinter grüner Blätterwand. Plötzlich lodern meterhohe Flammen auf, hüllen rot-schwarz

Transmigranten-Kinder auf der Insel Kalimantan

einen Busch ein, umzüngeln Baumstämme; glühende Schlangen, die sich winden und im Winde drehen. Es knistert und kracht im Wald, der von Abenteuerschriftstellern gern Urwald genannt wird. Wie aus einem Vulkan werden Holz- und Aschestücke in die Luft geschleudert. Funken sprühen. Den eben noch lichten Himmel, vor dessen sonnenglänzendem Blau sich die grünen Baumspitzen abhoben, verfinstern schwarze Schwaden. Rauch ätzt die Atemwege. Husten reizt die Kehle. Die Hitze wird unerträglich, kriecht durch dicke Schuhsohlen, rötet mein Gesicht, der ich da gebannt mitten in den Wäldern des östlichen Borneo, wo sich die indonesische Provinz Ost-Kalimantan ausbreitet, diesem Anschlag auf die Natur zuschaue. Kein Tier ist zu sehen, kein Vogellaut zu hören. Das Gezirp der Insekten-Myriaden wird vom trockenen Schmatzen gieriger Feuerzungen übertönt. Die Glut läßt alle Konturen zu Gelatine verschwimmen. Schwarze Baumskelette strecken im Todeskampf verrenkte Glieder von sich. Beißender Rauch breitet sich als Leichentuch über die sterbende Landschaft.

Einige armselige menschliche Gestalten stehen am Rande des Infernos, zwei, drei Bauern der Gegend. Mit zusammengekniffenen Augen beobachten sie ihr Zerstörungswerk, das zu neuem Leben führen soll. Nicht Blitz oder Selbstentzündung ist die Ursache des brennenden Waldes, sondern Menschen. Sie haben das Feuer losgelassen wie eine rasende Bestie. Nicht Lust am Frevel stachelte ihre Tat an, sondern Existenznot trieb sie dazu. Die Männer, die mit unbewegter Miene auf das allmähliche Verlöschen ihres Waldbrandes warten, tun das, was viele ihrer Vorfahren bereits taten. Die Bauern im Innern Borneos, in den Weiten des tropischen Regenwaldes, vernichten Baumkulturen, um mit ihren Familien leben zu können.

Die lodernden Büsche und Bäume stehen am Anfang eines Anbausystems, das zu den ältesten Formen von Landwirtschaft gehört. Brandrodung ist im deutschen Sprachgebrauch die nicht korrekte Bezeichnung; Feld-Wald-Wechselwirtschaft trifft den Sachverhalt genauer; Shifting Cultivation ist der englische Terminus. Früher war die Welt des Waldes noch in Ordnung. Eine mit Feuersmacht gerodete Partie wurde zwei, drei Jahre bebaut, mit Trockenreis und

Kassava; und wenn die Erde nichts mehr hergab, zogen die Menschen von der Volksgruppe der Dayak weiter. Andernorts entfesselten sie wieder die Flammen. Auf dem verlassenen Stück holte sich die Natur zurück, was die Menschen genommen hatten. Bis die Mitglieder einer Sippe ein bereits beackertes Land wieder urbar machten, vergingen fünfzehn bis dreißig Jahre. Der Wald hatte Zeit zur Regeneration. Das ist lange her. Immer mehr Menschen müssen sich in immer weniger Land teilen. Auch auf Borneo.
Siedler aus anderen längst übervölkerten Inseln suchen neuen Lebensraum, kommen auf eigene Faust oder im Gefolge des staatlichen Transmigrationsprogrammes, das Umsiedlung für Millionen betreibt. Immer mehr und immer häufiger lodernde Wälder sind das Flammenzeichen radikaler Veränderung. Morden und Brandschatzen mag das zügellose Vorgehen einer Soldateska genannt werden, nicht jedoch das verzweifelte Bemühen der braven Siedler, angesichts kümmerlicher Erträge, dem Wald ständig neue Felder abzugewinnen. Die Hinterlassenschaft verbrannter Erde und getöteten Lebens ist in beiden Fällen gleich.
Unser Jeep poltert über die Schlaglöcher der unbefestigten Straße zwischen Kota Bangun am mittleren Mahakam und Samarinda im Delta dieses gewaltigen Stromes. Bergauf, bergab windet sich das gelbe Band der erst vor kurzem eröffneten Piste durch bisher kaum besiedeltes Waldgebiet. Die Folgen sind erschütternd. Nach jeder Kurve, nach jeder Kuppe derselbe düstere Blick über ausgeglühte Flächen, vom Chaos kreuz und quer liegender Stämme gezeichnet, von verkohlten Baumleichen bedeckt. Kilometerweit. Rechts und links der Straße. Felder? Wir fahren durch Schlachtfelder.

Die Kohle

Eiserne Hammerschläge hallen durch den Wald. Fünf, sechs, dann folgt eine Pause wie das Luftschöpfen ermüdeter Arbeiter, die alsdann ihr schweres Werkzeug aufs neue niederwuchten. Das metallische Gedröhn schallt mir entgegen, als ich aus dem glitschigen Dun-

kel des Tunnels in den Schatten alter Bäume trete. Der seltsame Lärm wird immer lauter.
Wie ich denn zur einstigen Kohlenmine gelangen könne, hatte ich unten am Berau-Fluß gefragt, wo das Dorf Teluk Bayur seine Holzhäuser auf Stelzen stellt und das Balkengerüst der ehemaligen Kohleverladung am Wasser vermodert. »Immer landeinwärts«, wies ein abgemagerter alter Chinese die Richtung, »immer den Gleisen nach, gar nicht zu verfehlen.« Der Mann blickte von seinen Wassereimern auf und schien sich erst da über meine Anwesenheit zu wundern. »Europäer sieht man bei uns nur noch sehr selten. Was sollten sie auch hier«, sagte er nachdenklich. »Ja, das waren Zeiten, damals, als hier noch Kohle gefördert wurde. Da, schauen Sie mal«, seine dürre Hand zeigte zu einem Schuppen am Fluß, »sogar Kühe hatten die Holländer. Das war der Stall. In dieser Wildnis Kühe!« Ein halbes Jahrhundert danach erschien ihm dies noch immer als Wunder. »Und heute«, er winkte geringschätzig, »nichts, gar nichts mehr.«
Das bezog sich freilich auch auf die Schienen. Die Eisenbänder waren dem Waldboden vor langer Zeit entrissen worden; nur einzelne Schwellen vermochte ich zu entdecken und verrostete Schrauben im Staub. Unter sengender Sonne folgte ich den Spuren der europäischen Eisenzeit, von europäischen Ingenieuren während der zwanziger Jahre in diesen unzugänglichen Winkel des östlichen Borneo gelegt, der einst holländische Kolonie war. Nach dem kühlen, feuchten Tunnel, der die Kohlenbahn durch einen Berg hatte fahren lassen, überfällt mich wieder die Urwaldhitze wie mit einem heißen Handtuch. Weiter, weiter. Die Gleisreste und der Hammerlärm weisen den Weg — den Weg in die Vergangenheit. Auf einer verwilderten Lichtung liegen rostige Eisenteile herum. Bauchige Kessel. Kolbenstangen. Zahnräder. Alang-Alang und Schlinggewächse geben sich wuchernd Mühe, die sperrigen Zeugnisse weithergeholter Industrieprodukte zu verdecken. Ich schaue in die Abgründe eingestürzter Schächte, springe über zerborstene Betonplatten und staune. Was mochten das für Männer gewesen sein, die da in den Dschungel eingedrungen waren? Abgesandte abendländischer Fortschrittsgläubigkeit, die nach Energiefutter schrie? Abenteurer auf der Suche

Kultfigur auf der Insel Kalimantan

nach dem Glück aus Schwarzem Gold? Kühl rechnende Techniker? Kolonialherren? Ich stolpere über eine Achse im Gras. Ein letzter Hauch von Pioniergeist liegt über den Trümmern. Oder ist's ein flüchtiger Hauch von Profitgier?
Was immer die Antriebskräfte gewesen waren, die damit attackierte Natur hat sich auch nach einem halben Jahrhundert von ihren Wunden noch nicht erholt. Nicht dem Dschungel hatten die Eroberer seiner Bodenschätze weichen müssen, sondern den Zeitumständen, den Kriegsläuften, den Japanern, die die Holländer vertrieben, den indonesischen Nationalisten schließlich, die »Merdeka« auf ihre Fahnen geschrieben hatten: Freiheit. Brauchte die Freiheit keine Kohle? Seit dem Zweiten Weltkrieg ruht in Teluk Bayur der Abbau. Die eiserne Hinterlassenschaft lockt nur noch einheimische Handwerker an. Zwei halbnackte Männer zerlegen das stählerne Skelett einer Dampflokomotive. Mit kraftvollen Hammerschlägen werden die Nieten zertrümmert, die einst Werk und Welt der Holländer zusammengehalten hatten.

Die Bresche

»How the East was won.« Die Variation eines amerikanischen Filmtitels kam mir in den Sinn, während der Jeep über die ersten fertigen Kilometer der neuen Straße zwischen Sangkulirang und Muara Wahau raste. Atemberaubend, des Staubes wegen, der da als gelbe Wolke drückend heiß zwischen den Bäumen zu beiden Seiten hing, natürlich auch deshalb; atemberaubend aber auch der Anblick dieser Bresche, die in den tropischen Regenwald geschlagen wird. Mit dem ohrenbetäubenden Lärm technischen Fortschritts fressen Bagger und Bulldozer Stück für Stück einer Natur auf, die sich in vitaler Üppigkeit bis dahin völlig mit sich selbst beschäftigt hatte. Berge werden zur Seite geschoben, weil sie der neuen Zeit den Weg versperren. Bäume, die älter sind als die Menschen in ihren gepanzerten Maschinen, müssen weichen. Auch die mitgebrachten Vorstellungen des Beobachters purzelten durcheinander.

Urwald, Dschungel, Dickicht, Borneo — ich hab da so meine Kindheitserinnerungen an Bücher von Autoren, die den tropischen Abenteuerspielplatz auch nur aus Büchern kannten. Später las und ließ ich mich bei Joseph Conrad tiefgründiger ein in die schicksalshafte Dämmerung der von Flüssen durchzogenen grünen Endlosigkeit. Und nun, live und dreidimensional? Ich stieß auf eine lautstarke Filiale jener Welt der Macher, der ich um den halben Globus davongeflogen war. Die Bilder von Krokodiljägern und einem wahnbesessenen Almayer verwackelten wie langbelichtete Fotos neben einem Preßlufthammer.

Einhundertsechzig Kilometer soll die Straße lang werden, ein deutsch—indonesisches Gemeinschaftswerk. Die erste Überlandverbindung vom Seehafen Sangkulirang an der Makassar-Straße ins Innere Ost-Kalimantans. Die Öffnung einer kaum besiedelten Waldregion für möglicherweise hunderttausend Menschen, die in diesem Gebiet eine neue Existenz aufbauen sollen: landlose Familien aus den übervölkerten Inseln Java und Bali. Die wenigen einheimischen Dayaks bahnen sich mit den Schlägen ihrer scharfen Mandaus den Pfad durch die Wucherung; und es ist wie beim Bambus, der sich im Winde beugt: nach dem Sturm richtet er sich auf, als sei nichts geschehen. Dem Strom der Neusiedler ebnen Planierraupen den Weg, und nichts wird mehr sein, wie es einmal war. Der Wilde Osten wird erobert.

Das Arbeitercamp von Muara Lembak blieb hinter den Staubwolken zurück. Unser Geländefahrzeug drückte sich an dröhnenden Scrapern und Schleppern vorbei, die in vorderster Front der gelben Maschineninvasion den Angriff aufs Erdreich fuhren, und drang auf der projektierten Trasse weiter in den Wald ein. Steile Hänge. Die Reifen zermatschten weichen Boden. Der Fahrer legte den Hebel für Vierradantrieb um. Wie ein geschundenes Lasttier heulte der Motor auf. Weiter in der Richtung, der einmal die Menschenmassen folgen sollen. Dort, wo noch die Vermessungstrupps zu Fuß durch das Gehölz streifen, hielt schließlich der Jeep. Der Motor erstarb. Kein Ton der Technik störte mehr den Wald. Hier endete vorerst die Bresche, die ihm mit so machtvollen Attacken versetzt wird.

Ich stapfte durch den Morast. Vier junge Männer entdeckte ich im Schatten von Bäumen und Gestrüpp. Unter dem Blätterdach einer provisorischen Hütte lagerten sie. Einer briet Grünzeug über offenem Feuer. Rotang sammeln, erklärten die Männer ihr menschenfernes Tun und zeigten zu den an Stämmen lehnenden Bündeln jener verholzten Rohre, die in anderen Welten zu Möbel verarbeitet werden. Tagelang streifen die Burschen durch den Wald, um ihm diesen Reichtum zu entreißen. Der Mann am Feuer berichtete davon und blies in die Glut. Eine schmale Gasse führte weiter in das grüne Zwielicht, dessen undurchschaubare Endlosigkeit eine Ahnung von Geheimnis erlaubten. Ich hatte das Gefühl, angekommen zu sein.

Chinesischer Markt in Sibu im malaysischen Sarawak

Malaysia

Im Kielwasser der Geschichte

Natürlich ist der Schweiß echt, der von den Stirnen der Männer im Hafen von Malakka tropft. Mit fallenden Segeln fahren die Praus der Buginesen ein, die sturmerprobten Windjammer des seekundigen Volkes von der indonesischen Insel Sulawesi. Rundholz bringen sie. Bis zur Mittagszeit werden die Stämme entladen. Erst wenn die Sonne im Zenit steht, ruht der Betrieb. Ein Tiefseehafen ist Malakka nie geworden. Den Praus reichen die Dimensionen. Die wenigen modernen Frachtschiffe, die Malakka anlaufen, müssen auf Reede bleiben. Flache Leichter, drei, fünf hintereinander von einem Schleppkahn gezogen, schaffen die Fracht an Land: Säcke mit Mais und Reis und Zucker. Ein mühsames Geschäft. Weder Nostalgie noch Romantik gehören zum Wortschatz der Tagelöhner im Hafen. Von historischen Reminiszenzen wird da niemand satt. Und doch gibt es nur wenige Städte, wo sich dem Besucher die Geschichte so aufdrängt wie in Malakka.

Am Ende der Mole, zum offenen Wasser der Straße von Malakka hin, steht ein kleines Leuchtfeuer; weißer Schuppen, knallrote Türmchen, rostige Gasflaschen vor blauem Himmel. Am Horizont zieht ein Segelschiff vorbei, eines von der Sorte, die vor langer Zeit schwer mit den Schätzen des Orients beladen waren. Alles, was Handelswert hatte, wechselte in Malakka Boot und Besitzer: Gewürze aus den Molukken; Sandelholz von Timor; Zucker von den Inseln, die später einmal die Philippinen geheißen wurden; Seide, Porzellan und Moschus aus China; Gold und Kampfer von Brunei;

Reis und Fleisch von Java; Pfeffer, Gold, Elfenbein von Sumatra; Zinn von Malaia; Opium, Stoffe, Färbemittel von Bengalen und Indien. Malakka produzierte nichts, es profitierte. Einst war es die größte und reichste Stadt Südostasiens, kosmopolitisch schon zu Zeiten, da Mitteleuropa noch in Provinzialismus verharrte. Heute ist es zur wirtschaftlichen Bedeutungslosigkeit herabgesunken, den Namen mit einer der befahrensten Wasserstraßen der Welt teilend, deren Schiffsverkehr an Malakkas einst so wichtigem Hafen vorbeiströmt. Die Drehscheibe west-östlichen Handels, an der schmalsten, nur fünfundsechzig Kilometer messenden Stelle zwischen der Malaiischen Halbinsel und Sumatra gelegen, ist ins Kielwasser der Geschichte geraten, Geschichte, die jahrhundertelang in und mit Malakka gemacht wurde. Von Malaien, Chinesen, Arabern, Europäern.
Portugiesisches und Holländisches läßt sich in Ruinen und Straßennamen ahnen. Neben dem Cheng-Hoon-Tempel heißt eine Gasse einfach »Jalan Portugis«. Etwas außerhalb erinnert ein Viertel an die portugiesische Niederlassung; und der Name des rücksichtslosen Eroberers ist zum Straßenschild geschrumpft: Albuquerque. Überrest portugiesischer Machtentfaltung ist die Porta Santiago, einst Tor zur Festung, die 1807 von den Briten zerstört wurde. Sprachliches Erbe war dauerhafter. Noch heute sind die beiden nationalen Sprachen in Indonesien und Malaysia gespickt mit portugiesischen Lehnwörtern. Ob Tisch, Butter oder Fenster, es wird mit Ausdrükken der einstigen Eroberer benannt. Holländisches ist sichtbar geblieben. Das alte Stadthuis nebst Christ-Kirche und Uhrturm in leuchtendem Karminrot demonstriert irdene Deftigkeit, ein Stück europäische Geborgenheit im fernen Asien.
In den Gesichtern seiner Menschen lebt Malakkas Geschichte fort. Gelbe, braune, fast schwarze Gesichter, ein paar weiße auch. Bei manchen Mädchen spiegelt sich die über Jahrhunderte währende Begegnung der Welten wider und wird zum erotischen Reiz. Schlanke Gestalten in langen Gewändern, wehende Haare und Augen voll ozeanischer Weite; eurasische Anmut als spätes Erbe kriegerischen Trachtens nach orientalischen Schätzen.

Am Strand von Malakka kann man heute zwar noch träumen, von dieser Geschichte beispielsweise, aber schon lange nicht mehr baden. Angeschwemmter Teer und die modernen Abfälle aus Plastik und Weißblech künden nachhaltiger von der neuen Zeit als die Szenen im Hafen, wo der Schweiß der Arbeiter so echt ist, wie es der ihrer Kollegen vor fünfhundert Jahren war.

Moloch und Raubtier

Durch den eigenartigen Park, ein paar Kilometer außerhalb von Kuala Lumpur gelegen, strich der milde Abendwind, der die Hitze des Tages fortblies und den Schweiß trocknete. Es war jene halbe Stunde zwischen untergehender Sonne und Dunkelheit, jene Schonfrist in den Tropen, die wohltuende Zeit des Aufatmens. Ein Gefühl von Leichtigkeit und Heiterkeit durchströmte die Brust. Die importierte Hetze der malaysischen Hauptstadt war hinter uns geblieben. Der Park nahm uns auf wie eine Oase. Unter dem Dach ausladender Bäume versteckten sich kleine Wohnhäuser, schmuck und sauber, Geborgenheit ausstrahlend. Im nahen Kuala Lumpur hat sich der Moloch namens Fortschritt längst durch die Landschaft gewühlt und kreuz und quer seine asphaltenen Kriechspuren hinterlassen und als Zeichen seiner Herrschaft seelenlose Hochhäuser errichtet. Bis zu jenem Wohnpark aber war dieses Ungeheuer noch nicht vorgedrungen. Vor den Häuschen saßen Menschen mit viel Zeit.
Ein alter Mann zeigte uns seine Orchideenzucht. Im sanften Licht der schwindenden Sonne leuchteten die Blüten auf, und ein Abglanz spiegelte sich in den Augen des Alten, die den paradiesischen Frieden ringsum aufnahmen. Von ihm ging Ruhe aus. Einzig mit den dunklen Augen lächelte der Mann. Seinem Gesicht fehlten die Lippen; kein schützendes Fleisch verbarg mehr die Zahnruinen vor fremden Blicken; anstelle der Nase klaffte ein Loch. »Kostbare Blüten, nicht wahr?« sagte der Mund, der keiner mehr war. Die Stimme klang heiser und gepreßt. Liebevoll fuhren die Fingerstümpfe der rechten Hand über die Orchideen, ohne die Pflanzen wirklich zu be-

rühren. Der Mann winkelte den in Lappen gehüllten Stummel der Linken an seinen Oberkörper und klemmte so den Stiel des Besens ein, mit dem er zuvor Blätter zusammengefegt hatte. »Jahrelange Geduld ist erforderlich, um solche Orchideen zu züchten«, erklärte er und fügte fast entschuldigend hinzu: »Jeder Handgriff tut weh.« Früher, als er noch in Kuala Lumpur leben durfte und Beamter in einem Ministerium gewesen sei, da habe er richtig zupacken können; damals, bevor ihn ein unersättliches Raubtier anfiel, die Zähne in seinen Körper grub, ihm die Finger, Bein und Arm abfraß und sein Gesicht verstümmelte. Diese Bestie verbannte ihn in das Dorf, in jenen eigenartigen Park, ebenso wie seine Leidensgenossen in den Nachbarhäuschen, wo das unsichtbare Raubtier allgegenwärtig ist, das Lepra heißt und auch Aussatz genannt wird.

Kupfernes in Kuching

In den Morgenstunden wird das Erbe der »weißen Rajahs« auf Hochglanz gebracht. Fast liebevoll polieren Männerhände das kupferne Schild, das an »Charles Brooke G.C.M.G. 2nd Rajah of Sarawak« erinnert. Vor dem Gerichtsgebäude in Kuching aus dem Jahre 1874 steht ihm zu Ehren ein steinerner Obelisk. Sein Profilporträt strahlt in weißem Marmor. Der bohrende Blick kündet vom Tatendrang des Abendlandes. Auf kupfernen Flachreliefs daneben halten martialische Krieger Sarawaks symbolische Wache: die kantigen Gesichter voller Stolz und Mannestugend, im Gürtel den Kris, in den Händen Blasrohr und Speere. Die städtischen Bediensteten wischen den Staub aus den Falten des blinkenden Metalls. Grünspan hat keine Chance. Zu viert sind sie tätig mit Lappen und Politur.
Das Erbe der »weißen Rajahs« lebt in Sarawak, obwohl die Engländer längst verblichen sind, die einst in diesem Teil Borneos wie Könige regiert haben. Sarawak, halb so groß wie die Bundesrepublik, zu drei Vierteln mit tropischen Regenwäldern bedeckt, gehört seit 1963 als Bundesstaat zur Förderation Malaysia. Keine andere Region Südostasiens wurde von einer einzigen englischen Familie so nach-

Denkmal für Charles Brooke in Kuching

haltig geprägt wie diese. Das heutige Sarawak gäbe es ohne die »weißen Rajahs« gar nicht. James Brooke war der erste. Eine Figur, die in Abenteuerromanen ebenso wie in seriösen Geschichtsbüchern ihren Mann steht. Ein Kind des Kolonialismus. 1803 in Benares (Indien) geboren, Sohn eines Richters in Diensten der British East India Company. Brooke kämpfte für Britanniens Interessen, erbte von seinem Vater ein Vermögen, kaufte sich ein Segelschiff, wollte Handelsfahrer werden – und wurde Staatsgründer von Sarawak.

Als James Brooke 1839 in Kuching einfuhr, einer kleinen Stadt von damals nicht mehr als tausend Einwohnern, bat ihn der vom Sultan in Brunei entsandte Rajah Muda Hassim um Unterstützung im Kampf gegen Abtrünnige. Brooke zögerte. Ein Jahr später greift er mit seinen Männern ein, vertreibt die Rebellen und wird 1841 zum Dank dafür vom Sultan mit dem Titel Rajah belohnt und als Gouverneur von Sarawak eingesetzt. Es war der Anfang vom Ende der Brunei-Sultane mit ihrer Borneo-Macht. Brooke weitete seinen Einfluß immer mehr aus, baute eine Verwaltung nach westlichem Muster auf, legte die Basis für einen modernen Staat. In einem Brief schreibt er: »Ich bin von einer Idee besessen – und die heißt Borneo.« Nach drei Jahrzehnten vererbte James Brooke, unverheiratet, kinderlos, seinem Neffen Charles Brooke ein funktionierendes Staatsgebilde, ein privates Königreich, das der Nachfolger ein halbes Jahrhundert regierte und dann seinem Sohn Charles Vyner Brooke übergab. Er wurde 1917 dritter und letzter »weißer Rajah« in Sarawak.

Die Atmosphäre im heutigen Kuching mit mehr als hunderttausend Einwohnern, Chinesen zumeist, ist heiterer als in den übrigen Teilen des einstigen britischen Borneo. Gondeln pendeln über den Fluß, kleine überdachte Boote mit einem Mann, der an der Spitze steht und kreuzweise die Paddel ins Wasser taucht. Noch stört kaum der Lärm vereinzelter Motorboote die Harmonie eines milden Abends, wenn hinter der Silhouette der Kuchinger Hausberge die Sonne versinkt, Fluß und Stadt in Gold tauchend. Danach zaubern die angestrahlten Kuppeln der Masjid Negara, der Moschee, Bilder aus Tausendundeiner Nacht hervor. Auf der anderen Flußseite ragt das moderne Selbstverständnis vom malaysischem Fortschritt mit zwanzig Stockwerken in den Himmel. Dort stehen Parlament und Regierungsgebäude im Brasilia-Look: einsam und steril Modernität in die karge, dem Wald entrissene Landschaft streckend. Die Astana, das Gouverneursgebäude aus der Zeit des Charles Brooke am Sarawak-Fluß, wirkt dagegen wie eine freundliche Landvilla, ebenso ein paar Steinwürfe weiter das Fort Margherita aus dem Jahre 1841. Es gehört zu den Besonderheiten Sarawaks, daß dieses architektonische Erbe sorgsam gepflegt und erhalten wird. Genauso wie die kupfernen Platten am Brooke-Denkmal, die zu morgendlicher Stunde von Männerhänden blitzblank gerieben werden — ähnlich den Namensschildern an den Villen reicher Engländer im fernen Großbritannien, dessen Größe arg geschrumpft ist, aber auf Borneo noch immer Ableger hat.

Der Kakaopflanzer

Stimme und Leibesumfang des Mannes hatten Format. Er strahlte die Überzeugungskraft einer Planierraupe aus. Auf der Party war er weder zu überhören noch zu übersehen. Einer der englischen Subdirektoren von Harrison & Crossfield hatte eingeladen; und wer in Sandakan geschäftlich etwas zu sagen hat, war gekommen. Chinesen also und Engländer, die aus kolonialer Zeit übriggeblieben zu sein schienen. Schon bevor sich die Atmosphäre dank Whisky, Gin Tonic und Flaschenbier lockerte, belebten die Frauen, Freundinnen und Töchter, in duftige Seide und bunte Batik gehüllt, das Bild. Small talk auf der Veranda des gediegenen Holzhauses im Kolonialstil. Der Blick reichte über den gepflegten Park am Hang hinunter zu den Lichtern der Hafenstadt und hinaus auf die Bucht, wo Schiffe ankerten. Ein Dutzend aufnahmebereiter Frachter. Im wirtschaftlichen Zentrum von Sabah, dem malaysischen Teilstaat im Norden Borneos, ist etwas zu holen. Tropische Edelhölzer beispielsweise, Palmöl und neuerdings Kakao.
Davon berichtete er. Jedes seiner Worte knarrte wie ein Befehl, der

einen Kasernenhof widerhallen läßt. Der Tonnenbauch paßte zwar nicht mehr so recht zum Bild des strammen Soldaten, der er einmal gewesen war; aber Haltung und Auftreten verrieten die Vergangenheit. Er hatte erst in der Royal Navy Großbritanniens gedient, dann in den Reihen der Kolonialpolizei drüben auf der Malaiischen Halbinsel, von Borneo durch die Südchinesische See getrennt. Asien war des Engländers Schicksal geworden. Auf einem der Rotangsessel saß unbeweglich seine Frau, eine Chinesin von der Insel Penang. Die zierliche Gemahlin beobachtete die beiden Töchter. Die eurasischen Schönheiten ließen sich lachend zum Tanze bitten.

Das Whiskyglas in der Hand, erzählte der Vater militärisch knapp seine Lebensgeschichte. Er hatte die malaysische Staatsbürgerschaft angenommen, hatte in der Agrarbehörde von Sabah gearbeitet und war ein paar Monate zuvor pensioniert, aber keineswegs arbeitslos geworden. Er hatte das Kommando über zehn Quadratmeilen unkultivierten Landes erhalten: »Meine dritte Karriere«, sagte er, »diesmal als Kakaopflanzer.«

Die Partygäste ringsum hörten der modernen Version von Borneo-Abenteuern gespannt zu. Draußen in der inselreichen Bucht vor Sandakan verkriechen sich seit eh und je Piraten; im Binnenland fühlten sich stets Pioniere herausgefordert. Die einen ließen sich nicht von Monsun-Turbulenzen, die anderen nicht von Kopfjägern oder wildem Getier abhalten, die Schätze des nördlichen Borneo zu plündern. Seit das Holzgeschäft mangels küsten- und straßennaher Edelbäume schrumpft, wird dem Boden mit Brandrodung eine neue Frucht abgerungen.

Der Kakaokommandeur rapportierte. Von verfilztem Dschungel berichtete er, von menschenfeindlicher Natur und Elefanten, die dem feurigen Angriff auf ihr Reich davonlaufen. Er erwähnte tausend neue Jobs für Tagelöhner; und es klang aus seinem Munde so, als hätte er Söldner gesagt. Malaiische Domestiken reichten den Gästen scharfgewürzte Satestäbe und grillierte Garnelen. Der Mann griff zu. Auf seiner Stirn perlten Schweißtropfen, die auch der milde Abendwind nicht wegzuwischen vermochte. »Kakao ist der neue

Familie in Kudat an der Nordspitze des malaysischen Staates Sabah todsichere Tip für Profit«, meldete der Mann, dessen Leibesfülle von britischem Pragmatismus und asiatischer Gelassenheit zusammengehalten wurde. Überseeische Konkurrenz? Der Exsoldat und Neupflanzer wehrte ab. Die Plantagen in Ghana und Nigeria seien nach Abzug der Briten von den schwarzen Herren heruntergewirtschaftet worden; und überhaupt: solange nicht die Milliarde der Chinesen mit Schokolade übersättigt sei, gebe es für Kakao keine Absatznöte. Er lachte dröhnend, und seine Fleischmassen gerieten in Schwingung.

Kontrastprogramm

Sumbang war gerade dabei, einen Außenbordmotor zu zerlegen, als ich die Holzleiter zur Veranda des Langhauses bestieg. Sumbang ist 22 Jahre alt. Das Langhaus seiner Sippe heißt »Tanah Merah«, was rote Erde bedeutet; es steht etwa vierzig Kilometer vom Städtchen Limbang entfernt, im Norden Sarawaks auf der Insel Borneo; in einem klapprigen Taxi, dann per Boot und schließlich nach halbstündigem Marsch durch den Wald zu erreichen. Dreihundert Menschen wohnen unter dem gemeinsamen Dach, das teilweise von Wellblech, teilweise mit Palmblättern gedeckt ist. Sechsundzwanzig Türen führen von der überdachten Veranda in die abgeschlossenen Wohnungen der einzelnen Familien. Die langgestreckte Veranda sieht aus wie das Zwischendeck eines alten Segelschiffes. Holz, überall Holz.

Sumbang nimmt den Motor mit routinierter Akribie auseinander, so wie er es in den Werkstätten von Limbang gesehen hat. Einige Männer aus der Nachbarschaft hocken neben ihm auf dem Bretterboden, durch dessen Ritzen die Abfälle gefegt werden, in denen Hühner und Schweine noch Nahrhaftes finden. Die nackten Oberkörper der Männer sind tätowiert und mit blauen Ornamenten überzogen, die wie ein Trikot wirken. Die Nachbarn schauen Sumbangs Tun nicht besonders neugierig zu. Man sitzt sowieso auf der Veranda, redet miteinander und läßt zwischendurch zum Spaß zwei Kampfhähne aufeinander losschießen, daß die Federn flattern. Die Frauen flechten Körbe. Erbärmliche Hunde streunen umher.

Vom Deckenbalken in der Mitte baumeln Totenköpfe, vergilbt und rußgeschwärzt. »Japaner«, erklären die Leute vom Langhaus bereitwillig dem Gast. Die Totenköpfe sind eine makabre Erinnerung an die japanische Besetzung des damals britischen Borneo während der Jahre 1941 bis 1945. Im Dschungelkrieg gegen die japanischen Eindringlinge flammte ein uralter Brauch der Iban-Bevölkerung wieder auf: die Kopfjagd.

In den Zimmern hinter den sechsundzwanzig Türen hängen auch Köpfe, aber keine, die ab-, sondern nur solche, die von der Langhaus-Jugend ausgeschnitten wurden: Film- und Pop-Idole auf Glanzpapier. An drei Bambusstangen recken sich draußen Fernsehantennen in die feucht-schwüle Luft. Einen elektrischen Anschluß hat »Tanah Merah« nicht, der kommt kaum über Limbang hinaus. Die drei TV-Geräte made in Japan werden mit Autobatterien gespeist. Auf den Bildschirmen flimmert das in Kontrast zum Alltag stehende Programm, amerikanische Science-Fiction-Filme beispielsweise; Ufos fliegen ein, und für die Zuschauer im Langhaus ist es gleich, ob von Hollywood oder einem anderen Planeten; beides ist unermeßlich weit weg.

Während sich Sumbang müht, aus den Einzelteilen wieder einen funktionierenden Bootsmotor zu basteln, beginnt in einer der Wohnungen ein rituelles Fest. Ein weißes Huhn endet unter dem Messer. Mit den blutigen Federn werden Speisen, Stühle und Ecken bestrichen. Gebete untermalen die Zeremonie. Später zerreißt das Quieken eines Ferkels das Gemurmel. Drei der älteren Männer kriechen mit dem Tier unter dem Langhaus entlang und benetzen, nachdem sie dem Ferkel den Hals durchschnitten haben, mit dessen Blut die Pfähle, auf denen »Tanah Merah« steht. Einer der Alten habe einen bösen Traum gehabt, berichtet mir Sumbang, nun müsse die Wohnung gereinigt werden. Sumbang erzählt gleichmütig davon, ganz und gar mit seinem Motor beschäftigt. Was ihm die Zeremonie bedeute, frage ich. »Nichts«, platzt es aus ihm heraus. Und was sei ihm wichtig? Daß er einmal in Miri einen Job bekäme. In Miri? Ja, an der

Westküste, wo das Zentrum der Erdölbohrungen Sarawaks sei. Sumbang sagt Miri, und es klingt wie Fortschritt.

Als die Teilnehmer des Beschwörungsfestes, vom Reiswein schon fröhlicher geworden, Gesänge anstimmen und die Popmusik aus einem der Kassettenrecorder im Langhaus übertönen, knattert Sumbangs Motor los, stotternd erst, dann in gleichmäßigem Gedröhn.

Brunei

Brunei-Rallye

Wenn das Fährschiff von der Insel Labuan das Südchinesische Meer verläßt und in das Labyrinth der Flußläufe vor Brunei dringt, meint der späte Entdecker jenes Borneo wiederzuerkennen, das von Joseph Conrad und Somerset Maugham literarisch salonfähig gemacht wurde. Das Schiff taucht ein in das verästelte Gewirr der Wasserarme, die sich um verfilzte Ufer winden. Gelegentlich gleitet ein Ruderboot vorbei, das irgendwo in einer Ritze des Mangrovendickichts verschwindet, hinter dem das unergründliche Borneo zu beginnen scheint. Ein paar Holzhäuser krallen sich mit Pfählen in den morastigen Boden. Graugrüne Monotonie ringsum. Die Mitreisenden geben Farbe. Eine Gruppe muslimischer Männer steht an der Reling, knöchellang in dunkelgrünes Tuch gewandet, auf dem Kopf die weiße Kappe der Hadschis, der Mekkapilger. Einige Engländer daneben, ebenso in bunte Hemden gekleidet wie die Mehrzahl der anderen Fahrgäste, die das Bild asiatischer Rassenvielfalt bieten. Alle zusammen sind bereits ein Stück von Brunei, das sich allmählich den Blicken öffnet.

Am rechten Ufer ist eine Straße erkennbar, einige Autos, vereinzelte Villen am Hang – gleichsam als Ankündigung jener anderen Welt, die sich plötzlich eine Flußbiegung weiter präsentiert. Die goldene Kuppel einer Moschee ragt über das Wasser; daneben weist der Zeigefinger des Minaretts aus der Silhouette weißer Häuser. In der Wüste würde diese Erscheinung Fata Morgana genannt; im Nordosten Borneos aber, inmitten von Urwald und Wasser, fehlt das treffende

Wort. Literarische Reminiszenzen verschwimmen. Romantische Borneo-Beschaulichkeit kommt gar nicht erst auf im Gedröhn der schweren Außenbordmotoren amerikanischer und japanischer Machart, die kleine Boote zwischen den Pfahlhäusern der Wassersiedlung auf der einen und der steinernen Stadt auf der anderen Seite des Brunei-Flußes hin und her schießen lassen, zwischen Kampung Ayer und Bandar Seri Begawan. Da ist bis spät in die schwüle Nacht hinein ein Wettrennen im Gange; es geht um den Großen Preis des Fortschritts. Die Teilnehmer, deren Vorfahren noch einen sehr dehnbaren Begriff von Zeit hatten, scheinen von der Angst besessen zu sein, den Anschluß an das von Otto-, Diesel- und Wankelmotoren angetriebene letzte Drittel des 20. Jahrhunderts zu verpassen.

Kaum hat sich der Ankömmling durch das Menschengewühl vor den Schaltern des Zolls und der Polizei gedrängt und hat die Einreiseerlaubnis für das Sultanat Brunei im Paß, weil er weder lange Haare besitzt noch Pornos, kommunistische Schriften oder Drogen im Gepäck mit sich führt, da umbrandet ihn erneut der motorisierte Wahn. Auf den asphaltierten Straßen rollen die modernsten Modelle der japanischen Luxusklasse; kaum ein Kleinwagen dazwischen.

Das Wort Fahrrad kommt einer Beleidigung gleich. Jedermann des Ministaates rast mit in der einzigartigen Brunei-Rallye. Die Energiesparappelle ferner Industriestaaten haben in Brunei kein Echo. Warum auch! Noch sprudelt das Erdöl aus dem eigenen Boden. Gemessen an arabischen Golfemiraten mag die tägliche Fördermenge bescheiden sein, aber aus Brunei hat das flüssige Gold einen Wohlfahrtsstaat gemacht. In den drei Städtchen des Landes mit seinen fast zweihunderttausend Menschen besitzt fast jede Familie ein Auto, ein Farbfernsehgerät und andere materielle Güter industrieller Massenfertigung sowieso. Die Bürger Bruneis brauchen keine Steuern zu zahlen. Die Altersversorgung wird aus der Staatskasse bestritten. Medizinische Betreuung ist kostenlos. Ein Paradies aus Islam und Öl.

Sir Winston Superstar in Bandar Seri Begawan im Sultanat Brunei

Unverkennbar: die rechte Hand zum siegessicheren V erhoben; im Munde die Zigarre; den Bowler auf bulligem Kopf. Er ist's. Wer noch Zweifel hegte angesichts des schwergewichtigen Europäers auf marmornem Sockel, den klären eingemeißelter Name nebst Blut-und-Schweiß-und-Tränen-Zitat auf. Jeder Zoll ein Klischee. Jedes Gramm Bronze ein Symbol. Die zum Denkmal erstarrte Verkörperung eines vergangenen Weltreiches steht überlebensgroß auf Borneo, wo sich die beiden Enklaven des Sultanats Brunei wie ein dickes B zwischen die malaysischen Teilstaaten Sabah und Sarawak schieben. Von seinem Podest blickt der große Brite über die modernen Fassaden der Stadt Bandar Seri Begawan geradewegs in den verfilzten, immergrünen Wald Borneos, dem hier dank Erdöl eine Wohlstandsoase entrissen wurde. Und hinter dem Manne huldigt seinem Ruhm ein ganzes Museum, das eigens ihm gewidmet ist: Sir Winston Churchill.
Draußen benzinstinkender Autoverkehr, drinnen sakrale Feierlichkeit. Aus schwüler Tropenluft kommend, wird der Besucher von klimatisierter Heldenverehrung umfangen. Indirektes Licht. Raum für Raum eine inszenierte Lebensstation. Das Kind, die Familie, das Genie, das Empire. Weltgeschichte in einer Biographie. Raffiniert werden Mann und Epoche ins Bild gebracht. Sogar die Stimme dieses Herrn ertönt, und die eines seiner Widersacher auch. Wenn sich der Betrachter neugierig seinem Konterfei nähert, setzt eine Lichtschranke ein Tonband in Bewegung. Bei Hitler derselbe Mechanismus, nur beträchtlich lauter. An authentischen Stücken ist wenig zu erblicken, doch geschickte Museumsdramaturgie fügt Fotos, Dioramen, kopierte Dokumente, Fahnen und Gemälde zu einer Schau zusammen, die in Südostasien ihresgleichen sucht.
Der europäische Gast wundert sich. Ringsum in den Nachbarstaaten werden nationalistische Töne angeschlagen. Die koloniale Vergangenheit und deren weiße Repräsentanten stehen in geringem Ansehen. Und in Brunei, das 1888 vom britischen Machtanspruch vereinnahmt und erst 1984 in die staatliche Eigenständigkeit entlassen

wurde? In Brunei preist ohne Wenn und Aber eine wohltemperierte Gedenkstätte Winston Superstar der einheimischen Jugend als Vorbild an. Der Christenmensch an solch exotischem Orte zum Idol stilisiert, überrascht um so mehr, als strenger Islam das öffentliche Leben des Sultanats bestimmt. Straßenschilder sind in malaiischer und arabischer Sprache verfaßt. Die prachtvolle Omar-Ali-Saifuddin-Moschee beherrscht das Bild von Bandar Seri Begawan; sie erhebt sich über einem Rundteich, in dessen spiegelglattem Wasser eine steinerne Barke liegt. Nachts übergießen Scheinwerfer die Prunkbauten mit Brausepulverfarben. Überall in Asien liegen während der Gebetsstunden vor den Toren die Plastiksandalen der Moscheebesucher. In Brunei stehen dort Schuhe, solide, feste Schuhe — Hinweis auf die erdölhaltigen Einkommensverhältnisse, die sogar Britisches in Bronze kleiden.

Thailand

Im Dschungel

Wo läßt sich maßlos tropischer Zuwachs beobachten? Im verfilzten immergrünen Urwald? In Äquatornähe hat nicht mehr die Natur die üppigsten Triebe schrankenloser Wucherung zu bieten, sondern das Dickicht der Städte, asiatischer zumal.
In einem Auto festzusitzen, mittendrin in einer der Metropolen während der Stoßzeit, ist beängstigend. Da macht es kaum einen Unterschied, ob man im Stau von Hongkong eingeklemmt ist, dessen öffentlicher Nahverkehr zu den modernsten der Welt zählt, oder ob man im Blechwurm von Manila oder Jakarta oder Bangkok nach frischer Luft ringt. Zur Rush-hour ist der benzinstinkende Verkehrsteufel los — und Rush-hour ist in den Cities mit Banken, Business und Botschaften rund um die Uhr. Während die südlichen Wälder, von Menschen ausgebeutet, rapide schrumpfen, wird der Dschungel der Metropolen immer größer und undurchdringlicher. Buchstäblich. In kaum einer Kapitale entsprechen die Verkehrsverhältnisse den Bedürfnissen ihre Bewohner. Bevölkerungsexplosion, mehr und mehr private Autos, zu wenig Investitionen in zukunftweisende Nahverkehrssysteme — dies führte unweigerlich zu den verstopften Straßen der Zentren. Kiplings Dschungel erscheint in der Enge der asphaltenen Schneisen wie ein exotischer Märchenwald, unerreichbar auf irgendeinem fernen Stern.
Aufschlußreich das Verhalten im Stau. Durch die flirrende, von grauen Abgaswolken verpestete Luft dröhnt das Geschrei der Hupen. In mörderischer Schlangentour wird jede noch so winzige

Kleiner Wasserträger im Norden Thailands

Lücke zwischen zwei Autos zum Durchschlüpfen genutzt. Aber daß einer dem andern Fahrer die Faust zeigt, durch Drohgebärden lautstarke Aggressionen entlädt und in Schimpfkanonaden sich zu entspannen trachtet — solche aus europäischer Straßenszene bekannten Bilder sieht der Beobachter in den südasiatischen Städten selten. Auf den Gesichtern liegen Gleichmut und Gelassenheit; die ergebenen Mienen deuten darauf hin, daß dieses automobile Inferno eben der Preis des allseits gewollten Fortschritts sei. In einer klimatisierten Limousine mag man da, wohlbestallt und Zeitung lesend, kühlen Kopf behalten und das Verkehrsgewühl in Statistiken bedenken. Auf dem Trittbrett eines von Leibern überquellenden Busses, krampfhaft Halt suchend, geht's nur noch ums blanke Überleben. Ob chauffierter Herr im Polster oder Aufspringer am Bus; so recht voran kommen beide nicht. Der eine kurbelt die Scheibe hoch, der andere hält sich ein Taschentuch vor die Nase. Der Dschungel wird zum Schicksal.

Loy Krathong

Eine Vollmondnacht im November. Flackernde Lichter schaukeln über die Schwärze des Flusses, Wesen gleich, die der Strom in die Weite der Meere entführt. Die Menschen am Ufer schauen ihnen gebannt nach und versuchen, mit Blicken das festzuhalten, was sie selbst auf die Reise geschickt haben: runde Gestecke aus Bananenblättern oder Plastik, mit Blumen geschmückt und mit brennenden Kerzen versehen und beladen mit Wünschen und Träumen und dem Dank für die unerschöpfliche Kraft des Wassers. Der milde Wind nimmt Gelächter, Wortfetzen und Kindergeschrei mit über den gewundenen Fluß, in den sich das Mondlicht aus silberschwarzem Himmel ergießt. Die Menschen von Bangkok feiern Loy Krathong, wie es in dieser Novembernacht viele ihrer Landsleute tun, die in Thailand in der Nähe eines Flusses oder eines Sees wohnen und ehrfurchtsvoll ihrer Abhängigkeit von seiner Leben spendenden und Leben nehmenden Macht gedenken.

Es ist das Ende der Regenzeit. Die Gewässer sind auf ihrem höchsten Stand. Der Reis reift auf den Feldern. Alle Arbeit bis zur nahen Ernte ist getan. Zeit des Aufatmens. Eine Nacht der Besinnung. So war es Brauch während der verflossenen Jahrhunderte. So ist es noch immer Sitte draußen in den Dörfern, wo die Menschen ein inniges Verhältnis zum Wasser bewahrt haben. In der Millionenmetropole Bangkok indes geht die fromme Tradition im Meer aus Fortschritt und Kommerz unter. Ein Volksfest ist's. Die Gestecke, die Krathongs, werden Tage vorher auf den Märkten feilgeboten, meist Kunststoffgebinde aus der Massenproduktion einschlägiger Werkstätten.

Feuerwerk und Kracher platzen in die fröhliche Ausgelassenheit der Kinder, die ihre Krathongs ans Wasser tragen. In den Gesichtern schimmert ein Abglanz jenes uralten nächtlichen Zaubers. Erwartungsvoll halten kleine Hände die Krathongs ihren Vätern und Müttern hin, damit die Kerzen entzündet werden. Das aufgeregte Gekicher wird immer wieder vom Geknatter eines vorbeischießenden Schnellbootes übertönt; und heftiger Wellenschlag wirbelt die schon schwimmenden Krathongs durcheinander. So geraten Wunsch und Wirklichkeit in Bedrängnis. Denn der alte Glaube, der aus stillen Wassern stieg, hielt sich daran, daß es Glück bedeute, wenn man lange die brennenden Kerzen seines Krathongs mit den Blicken verfolgen könne und die Gestecke zweier befreundeter Menschen auf den sanften Wellen in nachbarschaftlicher Nähe blieben. Wenn sie auseinandertrieben und die Lichter schnell verloschten, dann mochte dies ein böses Omen sein. Nun schwemmen Motoren und Maschinen die Poesie von gestern einfach fort.

»Alles ist beseelt«, erläutert die thailändische Freundin Nut dem europäischen Gast das geisterhafte Treiben, »man muß dem Wasser danken und für alle Verschmutzungen, die wir Menschen ihm zufügen, Abbitte leisten.« Nut, das pfiffige moderne Mädchen, fügt der ernstgemeinten Erklärung ironisch hinzu: »Und dies tun wir, indem wir dem Fluß wieder neuen Abfall zuführen.« Leider wahr. Die Styropor-Inselchen, die nächtens so phantasieanregend über den vom Mond versilberten Fluß schweben, treiben am nächsten Morgen zu

Tausenden in Kanälen und Seitenarmen: zählebige Zeugnisse der neuen Zeit.

Lächeln im Lift

Als der deutsche Tourist zu später Stunde vom Bangkok-Bummel in sein Hotel zurückkehrte, lehnte sie neben der Fahrstuhltür und lächelte ein zaghaftes »Good Evening, Sir«. Er, im Charter-Jet erst wenige Stunden zuvor aus rheinischen Landen eingeflogen, hielt das Mädchen für ein Liftgirl, fürs Knöpfchendrücken zuständig und für sonst nichts. Im ersten Stock blühte das Lächeln auf; im zweiten schob sich ihre Hand in die des Touristen; im sechsten Stock war ihm klargeworden, daß der Lift-Service in Bangkok gegen Aufpreis gewisse Extras einschließt. Da lächelte auch er. Die Thaidame blieb am Mann.

Tränen im Reisfeld

Ringsum breitete sich wogendes Gelb aus. Im knietiefen Wasser, zwischen reifenden Reisbüscheln, glänzte wolkenloses Blau. Der von Blütenduft gesüßte Mittagswind blies Wellen in die Garben; es rauschte und wisperte und knisterte. Erntezeit. Die Frauen und Männer vom Dorf Ban Nong Lung im Nordosten Thailands schnitten die goldenen Garben auf Feldern, die ihnen nicht gehörten, und brachten den Reichtum ein, der sie selber so wenig satt macht. Puen, ein zwölfjähriges Mädchen, kam aus der Gruppe auf uns zu. Barfuß schritt das Kind über die schmalen Dämme, die die Reisfelder voneinander trennen. Zwischen ihren Zehen klebte schwarze, feuchte Erde. Ein ungeübter Fuß rutscht auf den schlüpfrigen Wällen immer aus; Puen aber trat so sicher auf, wie das nur jemand kann, der hier aufgewachsen ist.
Das Mädchen hockte sich auf ein Bündel Reisstroh, strich das rote Kleid glatt und schaute uns mit ernsten Augen an, die die Augen

einer alten müden Frau hätten sein können. Was Puen erzählte, stockend erst und scheu, dann immer klarer, ließ Abgründe ahnen. Ein paar Wochen zuvor war das Kind aus Bangkok ins Dorf zurückgekehrt; todmüde, abgemagert, die Beine mit Geschwüren bedeckt — ein trauriger Schatten jenes gesunden Mädchens, das von den Eltern mit zehn anderen Kindern aus dem Dorf in die fünfhundert Kilometer entfernte Hauptstadt zur Arbeit in einer Fabrik geschickt worden war.

Welten trennen Dorf und Metropole. Puen war ins Niemandsland der verkauften Kindheit geraten — wie Hunderttausende von gleichaltrigen Buben und Mädchen. »Wir durften während der Arbeit nicht miteinander sprechen«, berichtete Puen mit leiser Stimme, »wer den Mund aufmachte, bekam Schläge.« Schweigend hatte sie Einzelteile von Neonlampen zusammenbauen, Drähte aneinanderfügen und mit den Zähnen die Kunststoff-Isolierung von Kabeln abbeißen müssen, die einen bitter-giftigen Geschmack hinterließen. In Bangkok hatte Puen auf dem Zementfußboden einer Werkstatt hocken müssen mit zwei Dutzend anderen Kindern zwischen zwölf und sechzehn Jahren. Allesamt stammten sie aus Dörfern wie dem ihren, dem chinesischen Fabrikbesitzer von berufsmäßigen Agenten vermittelt, die überall im Lande, im Norden und Nordosten besonders, nach billigen Kinderarbeitern ausschauen. Die fünfhundert Baht Handgeld waren den Eltern ein willkommenes »Geschenk« gewesen, mit dem ein Teil der Schulden zurückgezahlt werden konnte; und die hundert Baht, die Puens Sklavenarbeit in Bangkok der Familie monatlich einbrachte, halfen über die ärgsten Nöte hinweg.

So war Puen in das Joch der vierzehnstündigen Schinderei gezwungen worden, von dem die Verwandten daheim nichts wußten. Kein freier Tag. Morgens, mittags und abends drängten die Kinder zum Essenstopf, um sich die Näpfe mit Reis und winzigen Gemüsestükken und einer scharfen Fischsauce zu füllen. Wer nicht schnell genug war, bekam nur kümmerliche Reste. Stacheldraht umgab das mit mehreren Schlössern gesicherte Hoftor, und die Fenster waren vergittert. Puen konnte nicht schreiben und lesen, aber selbst wenn sie es je in einer Schule gelernt hätte, wäre ihr ein Brief ins heimatliche Dorf verwehrt worden. Erst als sie immer apathischer wurde, sichtlich verfiel, kaum noch aß, wenig zu arbeiten vermochte und auf die Beschimpfungen der Chefin und sogar auf deren Prügel nicht mehr reagierte, öffnete sich ihr das Tor zur Heimkehr. Ein krankes Kind ist nichts mehr wert. Der Besitzer fürchtete behördlichen Ärger und steckte Puen in einen Omnibus, der in Richtung Ban Nong Lung fuhr; der Schaffner half weiter.

Puen berichtete sachlich von den überstandenen Leiden, als habe sie bereits Abstand und baldiges Vergessen erlangt. Doch plötzlich senkte sie den Blick, die Stimme erstarb in unterdrücktem Schluchzen. Der schmächtige Körper bebte. Puen hielt sich die Hände vors Gesicht, und zwischen den Fingern schimmerte es feucht. Tränen tropften auf das Reisfeld.

Eine Lüge fürs Leben

Sie heißt Buppha, und das bedeutet Blume. Ich hatte das Mädchen schon bei meinem ersten Besuch im Schuldorf am River Kwai kennengelernt und von seiner Herkunft erfahren, die sich nicht von den Verhältnissen unterschied, aus der fast alle sechzig Kinder in jenem Dorf stammen, die im fragwürdigen Zuhause der Slums von Bangkok aufwuchsen und nun eine Chance der Entfaltung erhalten, wie sie einzigartig ist in Thailand. Als ich nun, zwei Jahre später, erneut zu Besuch kam, erkannte ich Buppha unter den vielen Kindern zuerst nicht wieder, ja, um ehrlich zu sein: ich hatte sie und ihre Geschichte längst vergessen. Buppha, die sich eine Hibiskusblüte ins schwarze Haar gesteckt hatte, sah mich keß an, als ich sie mit der sprachlichen Hilfe der Übersetzerin Poh nach dem Woher fragte. Erst als Buppha zu reden begann, dämmerte es mir, daß ich dies alles schon einmal gehört hatte.

Sie sei in Bangkok daheim, wo die Eltern und Geschwister leben. Buppha dachte ein wenig nach, spielte mit der Blüte im Haar und begann zu erzählen. Ein weitläufiges Haus malte sie sich aus, eines

Reisernte in Thailand

aus Stein, mit Ziegeln gedeckt und vielen Zimmern. Jedes Kind der Familie verfüge darin über ein eigenes Zimmer. Überall sei es angenehm kühl. Weiche Kissen lägen umher. Ein elektrischer Ventilator sorge für wohltuende Frische. Buppha redete sich in Fahrt. Poh zwinkerte mir zu. Ich nickte. Niemals habe Buppha arbeiten müssen, sagte sie, nur gelegentlich auf die jüngeren Geschwister aufpassen. Aber arbeiten wie die anderen Kinder, Zeitungen verkaufen, Puang Malai, die duftenden Kränze aus Jasminblüten, den Autofahrern anbieten, nein, so etwas habe sie nie tun müssen. In ihrem Haus habe es stets köstliche Sachen zu essen gegeben. Was das denn gewesen sei, wollte ich wissen. Buppha überlegte. Trockenfisch und Chillysauce und Bananen, ja, das gab's in Hülle und Fülle. Poh, die Übersetzerin, hielt sich an dieser Stelle nicht bloß an die wortgetreue Wiedergabe von Bupphas Beschreibung und ergänzte: Offenbar könne sich das Mädchen ein reiches Haus vorstellen, aber was die wohlhabenden Leute darin an besonderen Leckerbissen zu essen haben, übersteige eben doch ihre Wunschphantasie.
Genau diese Geschichte von Buppha hatte ich schon zwei Jahre zuvor von ihr zu hören bekommen. Das Luxushaus und das üppige Essen. Mir fiel wieder ein, was ich damals über die wirkliche Herkunft erfahren hatte. Buppha hauste mit ihrer Mutter und einigen Geschwistern im unteren Teil einer Straßenbrücke. Der Vater war verschwunden und kümmerte sich nicht mehr um seine Familie, die sich selbst über Wasser halten mußte. Die Kinder sammelten Plastiktüten, die wieder verkauft werden konnten. Die Mutter buk Küchlein, die am Straßenrand gehandelt werden. Nie gab es genug zu essen unter der Brücke, in deren Betonwinkel sich viele andere solcher gestrandeter Familien im Bangkoker Elend verkrochen haben. Davon berichtete Buppha kein einziges Wort. Sie schmückte uns ihren Traum aus, der auch nach Jahren im Schuldorf nicht verblaßte. Mein Zweifel an ihren Worten erregte heftiges Kopfnicken. Doch, genauso wie sie es eben erzählte, so sei das Haus der Eltern in Bangkok, das schöne große Haus. Buppha, die Blume, verdrängte ihre Vergangenheit: eine Zehnjährige, die bereits ihre Lebenslüge hütet.

Die Fernstraßen im Nordosten Thailands sind asphaltiert, doch wenig befahren. Wo nichts zu holen ist, verebbt auch der Verkehrsfluß. Bis in die Dörfer der Provinz Mahasarakham führen keine befestigten Wege. Unser Geländewagen polterte über knochentrockene, sandige Pfade und zog eine lange Staubwolke hinter sich her. Wo einige Monate im Jahr das Regenwasser den Boden aufweicht und die Bäche zu reißenden Gewässern anschwellen, breitete sich eine ausgedörrte Ebene aus. Darüber sengende Sonne in einem graublauen, wolkenfreien Himmel. Die Häuser aus Holz und Bambus standen auf Pfählen, und vor jedem der Bauerngehöfte reihte sich eine Batterie bauchiger Gefäße. Die irdenen Krüge, Tonnen, Töpfe, nach chinesischen Vorbildern mit Drachenmustern dekoriert, speichern wie zu Zeiten der Großväter den Wasservorrat. An manchen Orten müssen die Leute kilometerweit zu einer trüben Quelle laufen, um die Behälter auffüllen zu können.
Auch die einheimische Entwicklungsinitiative PDA (Population and Community Development Association) kann in der Trockenperiode keinen Regen herbeizaubern; aber mit einem beispielhaften Programm fördert diese nichtstaatliche Organisation bäuerliche Selbsthilfe, die gleichermaßen originell wie wirksam ist. Geradezu winzig machen sich die traditionellen, tönernen Tonnen aus neben den grauen Betonzylindern, die sich neuerdings als Zeichen des Fortschritts neben einigen der Häuser erheben. Fast vier Meter ragen diese Tanks in die Höhe, in ihrer steinernen Kompaktheit ein merkwürdiger Kontrast zu den ärmlichen Behausungen aus leichtem einheimischen Material. Die Wassersilos, Tang Nam genannt, sind die markantesten Monumente, an denen die Bereitschaft der Menschen erkennbar ist, sich mit den natürlichen Verhältnissen nicht länger schicksalsgläubig abzufinden.
Ein Tank kostet etwa fünfhundert DM, ein Vermögen für die meisten Leute; die Summe wird deshalb von PDA vorgestreckt — jedoch nicht in bar, denn das Geld könnte von den chronisch verarmten Landleuten zur Deckung ihrer Schulden bei einem der vielen

Mittelsmänner verwendet werden. PDA liefert vielmehr die Materialien, deren Gegenwert in achtzehn Monatsraten abzubezahlen ist. Dieser Rückfluß, für den die gesamte Dorfgemeinschaft verantwortlich ist, steht dann für weitere Tankbauten zur Verfügung, und im Dorf wird entschieden, wer der nächste Nutznießer sein wird. Das System hat in der Nordostregion bereits unübersehbaren Erfolg: Mehr als fünftausend Wasserspeicher konnten gebaut werden.
Wie der zu Stein gewordene Wille, an der eigenen Lage etwas zu ändern, wirken diese runden Kolosse in den Dörfern der Abgeschiedenheit. Und noch etwas signalisieren die Tang Nam jedem, der die Zeichen der neuen Zeit zu deuten versteht: Wie halten es die Familien mit der Planung ihres Nachwuchses? Unter dem blau-roten PDA-Symbol an den Tanks geben rote Ringe öffentlich darüber Auskunft. Ein Ring bedeutet: Hier werden Kondome benutzt. Zwei Ringe: Die Ehefrau nimmt die Pille. Drei Ringe: Injektion. Vier: Spirale. Fünf: Sterilisierung der Frau. Sechs Ringe: Sterilisierung des Mannes. Für europäische Besucher wirkt diese Offenheit überraschend; es ist vergleichsweise so, als verrieten Markierungen an heimischen Haustüren die Schlafzimmergewohnheiten. Für Thailänder scheint indes der aufgeklärte Umgang mit Familienplanung und ihren Praktiken und ihrer nachbarschaftlichen Werbewirksamkeit so selbstverständlich geworden zu sein, daß daraus kein Geheimnis mehr gemacht wird.

Burma

Medizin fürs Volk

Mr. Sharma lud mich ein, ihn zu jenem Markt zu begleiten, der mir burmesische Verhältnisse besonders anschaulich zeigen würde. Ich folgte ihm durch Ranguns Straßen, in denen schäbig gewordene Bauten an den einstigen britischen Machtanspruch erinnern. Die Fassaden des zusammengebrochenen Weltreiches sind von Moos und Flechten überzogen. Die verwahrlosten Prachtbauten wirken wie der von Motten zerfressene Luxuspelzmantel, den sich ein Bettler über die mageren Schultern hängt: abgewetzt und ein paar Nummern zu groß.

Die schmutzige Enge der Straßen indes ist ein paar Nummern zu klein für die dreieinhalb Millionen Menschen der Metropole, die fast alle den traditionellen knöchellangen Rock tragen, den die Burmesen »Longyi« nennen. Noch fallen die wenigen Jeans auf. Und natürlich wirbt im sozialistischen Burma auch keine Leuchtschrift für Coca-Cola und andere Segnungen des kapitalistischen Way of life. Trotzdem ist die Verführung längst eingedrungen in den burmesischen Alltag, den völlig abzuschotten die Regierung in Rangun vergebens versucht hatte.

Der Markt, dem Mr. Sharma auf Plastiksandalen so zielstrebig entgegenschlurfte, ist im sozialistischen Wirtschaftssystem gar nicht vorgesehen. Gleich am Eingang der ausgedehnten Ansammlung von mit Zeltplanen überdachten Ständen ist gestapelt, was die Unterhaltungselektronik made in Japan zu bieten hat: Transistorgeräte, TV-Apparate, Video, Kassettenrecorder, gebraucht, neu, allerletzter

Schrei. In einem Land, das nichts dergleichen offiziell importiert, ein erstaunliches Angebot. »St. John's Market«, erklärte mir Mr. Sharma, »einer unserer Schwarzmärkte«. Was unter Kontrolle und Gewinnbeteiligung der mit der Zentralregierung verfeindeten militanten Stämme und Untergrundarmeen über die thailändische Grenze ins vermeintlich verschlossene Burma gelangt, füllt schwarze Märkte wie diesen in Rangun im Überfluß.

Mr. Sharma zog einen Zettel aus der Tasche seines Jacketts, bahnte sich den Weg durchs Menschengewimmel und drang in den Marktbereich der Medikamente vor. Mir war, als beträte ich eine internationale Messe pharmazeutischer Produkte. Alles von Rang und Namen der großen Marken lag da in Schachteln, Kisten, Flaschen, Säcken wohlsortiert in unübersehbaren Ständen, ein Labyrinth der Medizin. Eine Apotheke solcher Ausdehnung hatte ich zuvor noch nie gesehen. Mr. Sharma reichte einem Pharmahändler seinen Zettel, was den bebrillten Mann aus seinem meditativen Kauern heraus zu betriebsamer Suche mit Hilfe der Konkurrenz in weitem Umkreis veranlaßte.

Mr. Sharma, der früher selbst Händler war und Textilien verhökerte, erzählte mir von seiner kranken Frau, die im staatlichen Hospital behandelt werde. »Kostenlos«, merkte Mr. Sharma mit wiegendem Kopfe an, »auch die Medikamente sind in unserem Lande kostenlos, aber im Hospital gibt es leider keine. Der Arzt hat mir aufgeschrieben, was gebraucht wird. Hier auf St. John's ist alles zu haben. Bedauerlicherweise nicht kostenlos. So ist das in unserem Sozialismus«, sagte er im Flüsterton, während ihm der Händler ein dickes Paket aushändigte und ein Bündel Geldscheine den Besitzer wechselte. Mr. Sharma lächelte traurig und zeigte einen schwarzen Zahnstummel.

Strand-Gut

»Asia on a Shoestring«, sagte Bob, der Amerikaner, und umschrieb damit die lächerlich geringen Aufwendungen für seine Reisen. Der

stämmige junge Mann löffelte seine Schildkrötensuppe, während die Kellner im Strand-Hotel von Rangun an den Nachbartischen bereits den nächsten Gang des Lunchs servierten: gebackene Garnelen. Leichtfüßig huschten die Kellner über das Schachbrettmuster des Marmorfußbodens. Die architektonische Strenge viktorianischen Stils kennzeichnet noch immer den Speisesaal des berühmten Hotels. Die Wände in lindem Grün und zartem Rosa und die indirekte Beleuchtung vermitteln den Augen eine Kühle, der die Schweißtropfen auf der Stirn freilich Hohn sprechen. Auf wuchtigen Säulen ruht die gewölbte Decke mit verglasten Oberlichtern, neben denen ein Dutzend emsiger Ventilatoren die Schwüle verrührt, ohne nennenswerte erfrischende Wirkung zu erzeugen.
Die Kellner in dunklen Hosen mit gelben Streifen, weißen Hemden und schwarzen Fliegen ficht die Hitze offensichtlich nicht an. Obwohl unterschiedlichen Alters, scheinen sie allesamt aus jenen Tagen übriggeblieben zu sein, da die Gäste noch in Smoking und Abendkleid zum Diner kamen und sich nicht einfach nur unterhielten, sondern Konversation machten.
Ambiente und Speisenfolge haben die historischen Wechselbäder überdauert, wenngleich es nur noch Mandalay-Bier einheimischer Brauart gibt und keinen Champagner mehr. Das Publikum im »Strand« ist indessen heutzutage sehr gemischt. Einheimische Herren, denen Geld und diesbezügliche Kompetenz anzusehen sind, treffen sich mit ausländischen Partnern. Ein alleinreisendes Ehepaar, gealtert und grauhaarig, sieht aus, als sei es vor dreißig Jahren schon einmal im »Strand« gewesen. Eine Gruppe russischer Seeleute unterhält sich betont leise und verursacht Unbehagen in dieser feierlich-vornehmen Umgebung von vorgestern. Dazwischen die hellen Tupfer der T-Shirts jener Zugvögel des modernen Tourismus, die ihre relativ geringe Barschaft mit dem unerschütterlichen Glauben ausgleichen, daß es zum Billigtarif immer wieder weitergehen wird.
Bob erzählte vom Schwarzmarktkurs, der seinen Dollars das Fünffache der offiziellen Wechselrate einbringe und ihn, den Studenten aus Illinois, zum reichen Mann in Burma mache. Bob knackte nun die Garnelen und nickte zum übernächsten Tisch, wo sich T-Shirt-

Kameraden gerade von einem Kellner beraten ließen. Man kennt sich. Während der sieben erlaubten Tage im Land des buddhistischen Sozialismus trifft man sich auf den vorgegebenen Reisewegen immer wieder. In der Lobby des Strand-Hotels, wo einst die Kulis lederne Schrankkoffer und Hutschachteln stapelten, liegen Schlaf- und Rucksäcke. Seit den Zeiten, da im »Strand« Kolonialbeamte, Kaufleute, teure Damen und anspruchsvolle Herren vom Format eines Somerset Maugham und Rudyard Kipling abstiegen, ist das Reisen eine Angelegenheit der Massen geworden — jedenfalls in west-östlicher Richtung, mit der Ausnahme Japans, nicht etwa umgekehrt. Bob mit den begehrten Dollars konnte es sich leisten, draußen vor dem »Strand« einem der Bettler lässig ein paar Münzen in die ausgestreckte Hand rollen zu lassen. Die überschwängliche Dankesbezeugung wehrte Bob mit einem »allright, allright« ab und schob seinen Rucksack ins Taxi.

Das goldene Wunder

Das weiche Blau des frühen Abends legte sich über Rangun. Ich war die mehr als hundert Stufen des Südaufgangs zur Shwedagon-Pagode wieder hinabgestiegen, hatte unten, buddhistischem Brauche gemäß, wieder Strümpfe und Schuhe anziehen dürfen und konnte zurückkehren in den Alltag der Stadt, wo noch nicht Hochhäuser, Blechschlangen und Hektik das Leben bestimmen wie in den Metropolen der Nachbarländer. Der Longyi, der knöchellange Wickelrock, den noch immer die meisten Frauen und Männer Burmas tragen, würde eine allzu eilige Gangart entschieden bremsen.
Am Fuße des sechzig Meter hohen Hügels, auf dem die Goldene Pagode in den Himmel strebt, war ihre schwungvolle Glockengestalt nicht mehr zu sehen. Beim Anflug auf Rangun aus den Wolken heraus, an der Schiffsanlegestelle der Pazundaung-Bucht, von so vielen Plätzen der weitläufigen Stadt am Rangun-Fluß ist die Pagodensilhouette zu erkennen als Wahrzeichen der Stadt. Doch in unmittelbarer Nähe verschließt sie sich dem Blick. Ich hockte mich auf die

Ladefläche eines Lieferwagens japanischer Herkunft, die in Rangun als Taxis verkehren, und fuhr die stark abfallende Shwedagon Pagoda Road stadteinwärts, nach hinten Ausschau haltend.
Fast den ganzen Tag hatte ich um die Pagode herum verbracht, war ihrem Kreis gefolgt, der von kleineren Tempeln, Pavillons, Stupas, Andachtsnischen, Buddhas, Löwenwächtern, Brunnen gesäumt ist und marmorn in heißer Mittagssonne die blanken Fußsohlen versengt. Immer wieder war ich eingekehrt in den Schatten einer Gebetshalle, hatte mich niedergelassen und den Menschen gelauscht. Kommen und Gehen. Überall Bewegung. Gläubige zu Hunderten. Familien, junge Paare, Kinder. Mönche in weinroten Gewändern. Buddhistische Nonnen mit geschorenen Köpfen. Ein buntes Durcheinander. Doch jedesmal, wenn ich hineinhörte in das Gebetsgemurmel, spürte ich etwas von der zeitlosen Ruhe und Tiefe in diesem besonderen Raum. Mehrmals hatte ich die erhabene Shwedagon im Mittelpunkt des heiligen Bezirks umrundet, war an den Ausgangspunkt zurückgekehrt und hatte eine Ahnung davon erhalten, daß es keine Wiederkehr ohne Veränderung geben kann, daß äußere Formen gleichbleiben, sich aber im Innersten der Menschen etwas wandelt — oder idealerweise wandeln sollte.
Gemächlich rollt nun der Wagen die breite Allee abwärts. Zuerst sehe ich nichts hinter mir als das reichgeschnitzte Tor des südlichen Aufganges mit den spitzen, ansteigenden Holzdächern. Dann blüht mit einemmal die Pagode auf: Über der bereits im Nachtschatten versunkenen Niederung steigt mit zunehmender Entfernung die Glocke der Shwedagon, wächst golden in das jetzt kräftige Himmelsblau, erleuchtet von den schwindenden Strahlen der Sonne, scheinbar aus dem Nichts heraus. Was Menschenhand in Jahrhunderten aufschichtete, immer höher werden ließ, mit dem kostbarsten Metall überzog und mit Edelsteinen schmückte, hebt sich in diesen Momenten über irdische Schwere hinaus, verliert sein Gewicht, schwebt in die durchgeistigte Sphäre zwischen Tag und Nacht, zwischen Erde und Himmel. Ein schwereloses Zeichen aus einer anderen Welt. Dann folgt mein sehr irdisches Taxi einer Kurve. Hinter dem Blätterdach gewaltiger Baumkronen verschwindet das goldene Wunder.

Der Stress

Es ist ein Wettrennen jeder gegen jeden: Für jeweils nur eine einzige Woche gewährt Burma seinen Besuchern ein Visum, und weil die Zahl der Touristen stetig steigt, nicht aber die Zahl der Betten, Busse, Bahnen und Flugzeuge, wird die Woche in Burma für den Einzelreisenden zum Sieben-Tage-Stress. Vor dem Schalter von »Burma Tourist« im Mandalay-Hotel bricht jeden Mittag, wenn der Nachtzug aus Rangun die neue Touristenfracht in den Norden gebracht hat, das Chaos los. Kontinente treffen aufeinander. Die ganze Welt stürmt auf Asien ein. Lächeln in burmesischen Gesichtern als Abwehr. Junge Mädchen, erstaunlich höflich und hoffnungslos überfordert, telefonieren, vermitteln, erklären, sagen häufig sorry, schreiben Rechnungen aus und werden in dem brutheißen kleinen Büro von der geballten Hoffnung auf Wunder belagert. Hier klemmt eine der Drehscheiben der Burma-Hatz, wo sich Schicksale entscheiden. Schon in Rangun in der Zentrale von »Burma Tourist« hatte man ja nicht sagen können: Ich möchte ein Ticket dann und dann, dort- und dorthin buchen, sondern man hatte, eingekeilt in Schlangen von Mitbewerbern, hastig die letzte offerierte Fahrkarte für den Zug nach Mandalay ergriffen. Es hätte ebensogut ein Platz im Flugzeug nach Pagan oder einer zum Inle-See sein können, den beiden anderen Zielen offiziell genehmigter Touren.
Die Atmosphäre im Mandalay-Hotel ist äußerst gespannt. Jeder, der da verschwitzt und übernächtigt für sein Fortkommen in den nächsten Tagen sorgen will, kalkuliert Stunden, ungewisse Anschlüsse, orakelhafte Auskünfte, geheimnisvolle Wartelisten — stets des Ausreisedatums eingedenk, das am Ende des Burma-Wettlaufs unbedingt eingehalten werden muß, um behördlichen Ärger zu vermeiden. Vielsprachig und aufgeregt tönt es durch den Raum. Reiseführer werden geschwenkt, zerknitterte Landkarten nach Alternativrouten durchforstet. Den Einzelkämpfern perlt der Schweiß von der Stirn. Wenn es dann doch gelingt, die Aufmerksamkeit einer der ungerührt lächelnden Damen hinter dem Schalter für sich, ganz allein für sich und sein Begehren zu gewinnen, wenn ein gepflegter Zei-

gefinger die Telefonwählscheibe für die eventuelle Erfüllung der Reisewünsche in Schwung versetzt und ein spannungsvolles Gespräch in unverständlicher Sprache beginnt, schweift der nervöse Blick über die Wände mit den Plakaten burmesischer Landschaften. Es sind Ansichten voller Ruhe und Schönheit. Der Gast ahnt deren tiefgründige Ausstrahlung und wird sich bewußt, daß sieben Tage ein lächerlicher Tropfen im Strom der Geschichte sind, ein flüchtiger Augenblick, ein Nichts. Und dann wartet er mit Herzklopfen auf die Auskunft, wie es wohl in diesem Nichts weitergehen wird.

Ein Hauch von Gold

Geheimnisvolles Tap-tap-tap in schneller Folge hallt aus der Hinterhöfe schattigem Dämmer. Der rhythmische Klang mischt sich in den Lärm der Straßen von Mandalay im oberen Burma, wird von Hupen und Fahrradklingeln übertönt, geht unter im Geschrei der Menschen, wird vom Getrappel der Pferdefuhrwerke zerstampft — und doch ist das Tap-tap-tap ausdauernder und kraftvoller in seiner endlosen Monotonie. Ich folge dem Stakkato und sehe in einer Hütte aus Bambusgeflecht vier Männer, die meiner Neugier sehr freundlich begegnen. Die winzige Werkstatt erlaubt keinen Eintritt. Durch die geöffnete Tür wird die Ursache des seltsamen Geräusches erkennbar, nachdem sich die Augen vom prallen Sonnenlicht der Straße ans Halbdunkel der Hütte gewöhnt haben. Zwei Männer mit entblößten Oberkörpern schlagen abwechselnd mit langstieligen Hämmern auf ein Päckchen, das auf dem Boden liegt. Tap-tap-tap. Federnd ist der Aufprall, dumpf der Ton. Bläuliche Tätowierungen überziehen die schweißglänzenden Muskeln der Arme. Magische Muster sausen im Takt auf und ab, gestrichelte Skorpione, burmesische Heldengestalten auf die Haut gebannt. Es ist drückend heiß. An die Arbeit energischer Schmiede würde die Szene erinnern, wäre dieses Bündel auf dem gestampften Lehmboden ein Stück glühendes Eisen. Indes besteht es aus zusammengepreßtem Papier, so der erste Eindruck des Besuchers; und bei jedem Schlag gibt es ein wenig

nach. Die wilde Entschlossenheit, mit der die Männer darauf eindreschen, hat etwas Religiöses.
Einer der am Boden hockenden Männer lüftet das Geheimnis. Er schnürt das zwischen Bambusstäbe gezwängte Päckchen auf. Zwischen braunem Papier und gallertartigen Folien glänzt es golden. Handtellergroße Blättchen liegen da zu Hunderten im Bündel; siebenhundert in einem Paket, wird mir erklärt. Fünf Stunden lang fällt auf sie die Kraft der Hämmer nieder, bis aus immer wieder geteilten Goldstücken ein plattgeschlagener Hauch des edlen Metalls geworden ist. Ein Phänomen. Wo sonst bleibt als Folge muskelwütiger Männerwucht etwas so Zartes zurück wie diese schwebeleichten Goldpapierchen? Doch die Goldschläger gehören nicht irgendeinem Geheimbund an, sondern sind solide Handwerker, geachtet und geehrt. Kein Versteckspiel treibt sie in den Schatten, vielmehr die Notwendigkeit, den Hauch von Gold vor den Sonnenstrahlen schützen zu müssen. Nur in fast durchsichtiger Feinheit sind die Goldpapiere auch für einfache Leute erschwinglich und können zum Ausdruck buddhistischer Frömmigkeit werden.
In der Maha-Muni-Pagode von Mandalay kaufte auch ich ein Heftchen solchen Blattgoldes, wie es die Pilger tun. Ein Goldrausch flimmert in dieser Andachtsstätte, die einen der berühmtesten Buddhas von Burma birgt. Von ihm, der da in goldener Nische, von blinkenden elektrischen Birnen erhellt, in überirdischem Glanze strahlt, heißt es, Gautama Buddha selbst habe der Goldgestalt seine lebendigen Züge eingehaucht. Über und über ist die Figur von Goldplättchen bedeckt, die ungezählte Finger in langer Generationenfolge darauf gepreßt haben. Die goldene Haut wirkt pockennarbig, so dick und unregelmäßig überziehen sie die feinen Goldpapierchen, die so hauchdünn gehämmert wurden und schließlich doch wieder auf einem Buddha wie diesem zu festem Gold vereint werden.

Freund mit Fahrrad

Khin Mgohn versteht etwas von angewandter Psychologie. Gedul-

Straßenhändler in Rangun

dig warten er und seine Kollegen mit ihren Fahrrad-Rikschas in einer Seitenstraße hinter dem Mandalay-Hotel, dem teuersten am Platz. Wer von den Rikschafahrern vor Sonnenaufgang als erster anrollt, hat auch Anspruch auf den ersten Gast, den so lange wie möglich herumzukutschieren die große Kunst des täglichen Überlebens ist, wenn man sich als Familienvater beim Einkommen nur auf die Beinmuskeln verlassen kann. Khin Mgohn, der Könner, bringt auch Herz und Verstand mit.

Eigentlich wollte ich nur vom Hotel zum Hügel der Pagoden gefahren werden. Khin Mgohn nannte einen bescheidenen Preis, verlokkend niedrig und, wie bei späterem Vergleich festzustellen, deutlich unter dem der Konkurrenten. Er trat unternehmungslustig in die Pedalen, begann von sich und seiner Familie zu erzählen, von fünf Kindern und den Erfahrungen eines vierzigjährigen Lebens. Sein Vater war Händler gewesen, hatte sich dann der Armee angeschlossen und war gefallen. Der Sohn hatte es in jungen Jahren als Lastwagenfahrer beim Transport von Baumstämmen versucht, was ihm zu gefährlich schien – er stieg auf eine Fahrrad-Rikscha in der ehemaligen Königsstadt Mandalay um.

Gemächlich fuhr er mich die schier endlose Mauer der einstigen Königsresidenz entlang, empfahl einen Abstecher zu Pagoden und Palastruinen; und dem Gast an seiner Seite wurde klar, daß es bei den Entfernungen mit dem zu Anfang genannten niedrigen Preis nicht getan sein konnte. Über den Tarif müssen wir nochmals reden, sagte ich. Sanftes Kopfnicken rechts über mir. Hat Zeit, hat Zeit, hörte ich ihn abwehren. Der Mann mit dem im Fahrtwind wehenden langen Wickelrock gab mir das Gefühl, gut versorgt zu sein, wies auf verschwiegene Gemäuer, menschenleere Winkel, von Schmuggelwaren überquellende Märkte. In makellosem Englisch erklärte Khin Mgohn das Sichtbare seiner Welt. Schulenglisch? Er schüttelte den Kopf. Nein, zum Schulbesuch habe es nur ein paar Jahre gereicht. Das alles seien im Umgang mit Touristen aufgeschnappte Vokabeln; und wenn er Wartezeiten habe, vervollkommne er das Gehörte durch Lektüre.

Noch immer hegte ich den Verdacht, mit dem Preis werde er mich kräftig übers Ohr hauen, Streit vom Zaune brechen. Doch gefehlt. Khin Mgohn behandelte mich so, als wolle er den weitgereisten Gast bei guter Laune halten. Ein Kenner touristischer Psyche. Keinesfalls berechnend, sondern den Eindruck vermittelnd, da begegneten sich zwei Menschen mit gemeinsamen Zielen. Ich stellte ihm die Frage, ob er es denn in Ordnung finde, daß er zu denen gehöre, die strampeln müssen, und ich zu denen, die gefahren werden. Er hob die Schultern und ging mit lächelnder Selbstverständlichkeit über die Frage hinweg.

Zu nächtlicher Stunde lud ich ihn zum Essen im chinesischen Viertel ein. Wir saßen an einer belebten Straße, die im schwankenden Schein elektrischer Lampen den Zauber asiatischer Nächte entfaltete. Der chinesische Koch briet überm offenen Feuer kleine Fleischbällchen. Ab und zu blies uns der laue Wind den Rauch ins Gesicht. Schwätzende Familien um uns herum. Alles in weicher, warmer Nachtluft, die einen mild umarmt. Khin Mgohn erzählte von seinem Traum, Besitzer einer Rikscha werden zu wollen. Das jetzige Gefährt sei von einem Beamten nur geliehen, ohne behördliche Genehmigung, er laufe stets Gefahr, mit einer Strafe belegt zu werden; täglich sei ein fester Mietzins zu entrichten. Jede Münze, die nicht unbedingt zum Leben gebraucht werde, lege er zurück. Khin Mgohn ließ beiläufig wissen, daß er wohl noch viele Jahre eine fremde Rikscha fahren müsse. Wir tranken dampfenden Jasmintee aus winzigen Tassen. Ich gab mich dem Gefühl hin, mit einem alten Freund zu speisen.

Big Ben im Abseits

Die endlose Ebene von Mandalay mit dem silbernen Band des Irrawaddy-Stromes bleibt weit unter uns zurück. Der klapprige Bus ächzt die Serpentinen in die Höhen der Shanberge im zentralen Burma hinauf. Ein Gefühl von unzugänglicher Abgeschiedenheit beschleicht einen. In der bergigen Einöde wird die Paßkontrolle vor dem Ort Maymyo durch einen Soldaten zur zusätzlichen Bestäti-

gung des Abseits. Doch kein exotisch fremder Eindruck bestürmt mich als erstes in der Hauptstraße von Maymyo, sondern ein sehr vertrauter Wohlklang. Gegenüber der grüngestrichenen Moschee und den weißen Holzhäusern mit Kaffeestuben, Kramläden und überdachten, umlaufenden Balkonen erhebt sich schlank der Purcell-Uhrturm; und jede Viertelstunde erinnern seine Glocken an die Herkunft jener Männer, die den Ort einst prägten. Fast wie die Zeitangabe von Big Ben im fernen London tönt's durch die Gassen. Der Glockenschlag ist gleichgeblieben über alle Zeitläufte hinweg, die der britischen Garnison schon lange ein Ende bereitet haben. Nach einem Colonel May war sie einst benannt worden, der hier 1887 ein bengalisches Infanterieregiment befehligte.
Ich spaziere hinauf zur hügeligen Oberstadt, die als Park angelegt ist, und werde unsicher, ob denn der Briten Vorherrschaft tatsächlich schon Geschichte sei. Wo die Straßen beispielsweise Circular Road heißen, stehen rote Backsteinvillen im englischen Landhausstil. Merry old England nach Burma verpflanzt. Unweigerlich kommt mir der Mann in den Sinn, der die britische Kolonialherrschaft in Burma mit ätzendem Spott kritisierte: George Orwell. Zwar tat er in den zwanziger Jahren nicht hier oben Dienst in der Uniform eines britischen Polizisten, sondern im südwestlichen Teil des Landes, doch sein Roman »Burmese Days« ist in dieser Region angesiedelt und rechnet mit den menschenverachtenden Alltäglichkeiten der Kolonialzeit ab. Die Herren im Lande haben gewechselt. Die Fassade von damals ist erhalten. Breite Auffahrten. Eichen und Silberpappeln. Mittendrin in dieser Welt von gestern das Candacraig Hotel, das als Landhaus 1906 gebaut wurde und heute mit Kaminfeuer, Early Morning Tea und Beefsteak die Vergangenheit aufleben läßt.
Die Kutschen von Maymyo bringen einem vollends die Epochen durcheinander. Vierrädrige Gefährte, beidseits mit schmalen Türen, und vorn, fast auf dem Dach, sitzt der Kutscher, der zwei Pferde antreibt. Die Karossen von Maymyo sind märchenhaft, elegant und phantasievoll gestrichen. Drinnen sitzen sich die Fahrgäste gegenüber. Falls erforderlich, erleichtern Spiegel die Korrektur der

Toilette. In solch edlen Kutschen fuhren die Kavaliere durchs 19. Jahrhundert.
Beim abendlichen Kaffee, der pfeffrig gewürzt ist, erzählt mir ein weißhaariger Muslim von den Zeiten, da solche Vehikel noch in Rangun zu sehen waren. Der Alte reckt seinen spitzen Bart in die vom Rauch der Cheroots, der dicken Zigarren einheimischer Machart, geschwängerte Luft des Gasthauses an der Hauptstraße, sinniert den Tagen nach, da er mit englischer Schulbildung ein Stück vom kolonialen Handelskuchen hatte abschneiden können, und beugt sich zu mir herüber, um sich mit seiner leisen Stimme verständlich zu machen. Aus Lautsprechern dröhnt Popmusik. Neben den Alten in langen Longyis, den traditionellen Wickelröcken, sitzen ein paar junge Männer in Jeans oder modisch gestreiften Hosen, Digitaluhren am Handgelenk. Deren Piepsen teilt auch in Burma bereits die neue Zeit ein, derweil in Maymyo noch alle Viertelstunden das Echo von Big Ben zu hören ist.

Tausend Tempel

Immer wieder rutschten die Reifen des Fahrrades im rötlichen Sand zur Seite, und die beiden Flaschen mit lauwarmem Wasser im Korb an der Lenkstange klirrten leise. Über dem weiten Tal von Pagan lastete wolkenlose ausgedörrte Glut, die mich an Savanne und Sahel erinnerte. Ich fuhr mit dem Rad in die asiatische Vergangenheit, deren herausragende Zeugnisse das Bild der kargen Landschaft bestimmen, wohin sich das Auge auch wendet. Eine Epoche buddhistischer Hochkultur im Rundumblick. Verschwitzt und durstig empfand ich das beglückende Gefühl, endlich an Burmas Einmaligkeit angekommen zu sein, um mich herum eines der Weltwunder.
Pagoden, Stupas, Tempel zu Tausenden verstreut auf mehreren Quadratkilometern. Ziegelrot die meisten, in ähnlich müder Farbe wie der Boden, auf dem sie stehen; strahlend weiß die anderen, die, wie von Geisterhand geschaffen, über Gestrüpp und flirrende Hitze leuchten. Da gigantische Glockengebilde, deren goldene Spitzen

geradewegs in den Himmel stechen; dort massige Kegel, von Flechten überwuchert; hier Trümmer, denen Stürme, Erdbeben, Überschwemmungen die Konturen raubten. Was der Buddhismus an Formenvielfalt seiner Kultstätten hervorbrachte vor nahezu einem Jahrtausend, ist im Flachland von Pagan wie in einer endlosen Ausstellung mit Tempelmustern zu bewundern. Ich lehnte das geborgte Rad an einen Baum, setzte mich in dessen Schatten und schaute auf einen Tümpel mit trübem Wasser. Im lehmigen Braun spiegelten sich die Zuckerhüte zerfallener Stupas, ein paar der namenlosen Ruinen aus dem Erbe großer Reiche. Ein Bauer lenkte seinen zweirädrigen Ochsenkarren ins seichte Gewässer und schöpfte das Naß in einen Blechkanister. Das Gefäß ist neueren Datums, die Szene zeitlos. Vor diesem Hintergrund haben seine Vorfahren schon seit Generationen ihre Fässer gefüllt; und die hölzernen erdverschmierten Speichenräder des Wagens, bis zu den Naben im Pfuhl, sind die einfachsten Symbole jenes buddhistischen Rades der Lehre, das ein weiser, entsagungsvoller Mann vor zweieinhalbtausend Jahren in Gang brachte und das sich seither unaufhörlich dreht.

Zwischen dem neunten und dreizehnten Jahrhundert hat der Geist dieser Lehre die Herrscher mächtiger Reiche bewogen, entlang des Irrawaddy eine Schaffenskraft zu entfalten, die ihresgleichen auf der Welt sucht: dreizehntausend Stätten des Gebetes, der Einkehr, der Meditation. Je nach Zählart sind zwischen drei- und viertausend von ihnen erhalten. Nicht der Baum der Erkenntnis gewährte mir Schatten, sondern der Baum der Fragen und des Staunens. Welche Mischung aus Machtwillen und Vergeistigung hat hier in so wenigen Jahren so viel entstehen lassen? Ein Wahn? Die Dome, Kathedralen, Kirchen des Abendlandes, alle zusammen in nur zwei Jahrhunderten errichtet? Unvorstellbar. Doch Vergleichbares ist hier geschehen, wo einmal fünfhunderttausend Menschen lebten. Heute ducken sich nur noch ein paar Dörfer versteckt in die Ebene. Welcher Herrschaftsanspruch hat es zuwege gebracht, auf diesem Landstrich so viel an meisterlicher Handwerkskunst und planerischer Gestaltung in Stein zu schlagen? Welches Volksvermögen, um es ganz modern auszudrücken, ist hier über die Vergänglichkeit erhoben

Sonnenuntergang am Gawdawpalin-Tempel in Pagan

worden? Und zu welchem Preis? Ein Sprichwort von Pagan heißt: Die Pagode steht, doch das Reich ist ruiniert.
Als der Tag sich neigte, stieg ich auf den Gawdawpalin-Tempel. Der Irrawaddy in breiter Behäbigkeit, violett und golden schimmernd, verströmte unendliche Ruhe, die der Abendwind in das weite Land trug. Unter mir versank die Tempellandschaft im dunstigen Dämmer, eingehüllt vom Schleier der Zeitlosigkeit, in der Worte ihren Klang und Sinn verlieren.

Bangladesh

Die Schöpfkelle der Urväter

Neben der Straße werden die Reisfelder bewässert. Ein faszinierender Anblick im ländlichen Bangladesh — dort, abseits der Städte, wo die Mehrheit der Menschen lebt. Die Schöpfanlage ist so einfach wie genial: ein ausgehöhlter Baumstamm, dessen hinteres Ende geschlossen ist; ein langer Klotz, der auf zwei Bambuspfählen liegt und dem hohlen Stamm als Gegengewicht dient. Ein Mann läßt aus dem tiefer fließenden Bach das Wasser in den Stamm laufen und hebt diesen nach oben. Von dort ergießt sich das Wasser in die Gräben des Ackers. Das Prinzip ist seit Jahrhunderten, vielleicht seit Jahrtausenden bekannt. Zwei physikalische Grundgesetze werden zur Entlastung der menschlichen Muskelkraft angewendet: schiefe Ebene und Hebel. Naturerkenntnisse im Dienste der Landbestellung. Ein überzeugendes Beispiel für des Menschen Fähigkeit, sich das Leben leichter zu machen. Einige Monate im Jahr leidet Bangladesh unter Überschwemmung, dann wieder muß Wasser sorgsam kanalisiert werden. Die Schöpfanlage macht es möglich. Doch dies knarrende Ding ist noch in anderem Sinne ein Beispiel: das der Unterentwicklung. Zur einmal in grauen Vorzeiten entdeckten Erkenntnis kam keine neue mehr hinzu. Während ich mir die Arbeit der Männer an der Bewässerungsanlage anschaue, umringt mich eine Schar von Kindern. Von allen Seiten kommen sie gerannt, um den Gast aus Europa zu bestaunen. Dies ist das Dilemma: Um diese Kinder und deren Kinder satt zu machen, reicht die Schöpfkelle der Urväter nicht mehr aus.

Die Tour in die Altstadt von Dacca wurde zur Tortur. Der Jeep mit dem deutschen Journalisten im Fond blieb immer wieder stecken. Zentimeter um Zentimeter bohrte sich das Fahrzeug durch die Massen in der Hauptstadt Bangladeshs. Die Straße zum Buriganga-Fluß glich einem Ameisenhaufen, den ein mutwilliger Stockschlag durcheinandergebracht hat. Ausgemergelte Kinderhände schoben sich bittend durchs Seitenfenster. Gelegentlich sprangen Knaben aufs Trittbrett, klammerten sich fest, bettelten um Geld. Rikschas blockierten den Weg. Der Blick des Journalisten fiel auf die gekrümmten Rücken der Fahrer: naßgeschwitzte Leiber aus Haut, Knochen und Sehnen. Auf dem Pflaster hockende Händler rafften mißmutig ihre Waren zusammen, wenn der Chauffeur des Jeeps beim besten Willen nicht mehr ausweichen konnte. Rechts und links vier-, fünfgeschossige Häuser. Die Gebäude stammen aus britischer Kolonialzeit. Der Journalist fühlte sich als Gefangener in einem Labyrinth. Nach jeder Straßenbiegung das gleiche Bild: Menschen, Menschen, Menschen.

Aus ungezählten Augen starrte ihm Elend entgegen. Den Journalisten durchfuhr es. Wie all dies den Lesern vermitteln? Ihm wurde klar: Bangladesh entzieht sich der Beschreibung mit Worten abendländischer Humanität. Die Schreckensbilder hier wie in den asiatischen Nachbarländern gleichen sich. Die Dimensionen nicht. Albtraum Bangladesh. Albtraum für wen? Für den flüchtigen Besucher, dem die Worte fehlen? Für Politiker ohne Programme? Für die Schiffbrüchigen, denen nur noch Gottvertrauen bleibt?

Hundertmal, tausendmal Leid in den Gesichtern. Eines prägte sich dem Journalisten ein. Das Antlitz einer Frau in einem der Bihari-Flüchtlingslager. Sie hockte auf dem Boden, die Knie an die Brust gezogen, eingehüllt in verdreckte Tücher. Ringsum Kinderlärm, Gekeife, Männerstreit. Hinter einem Vorhang röchelte ein zum Skelett abgemagerter Alter. Über den offenen Wunden seiner pergamentenen Haut kreisten Fliegen. Niemand beachtete den sterbenden Mann. Daneben wärmte eine Mutter auf einem Kerosinkocher

In einem Bihari-Flüchtlingslager in Bangladesh

einen Brei. Jünglinge rollten sich schlafend auf Matten zusammen. Im Halbdunkel der Baracke stank es nach Schweiß und schlechtem Atem. Die Greisin schien das alles nicht wahrzunehmen. Sie ruhte in sich selbst. Sie bemerkte den Europäer nicht, der neben ihr verharrte. Er schaute in ein Gesicht, das einer Träumerin zu gehören schien. Die Miene wandelte sich. Es waren die Züge einer alten verbrauchten Frau. Und doch, Wellenlinien gleich, legte sich ein Hauch von Lieblichkeit auf die runzligen Falten. Es war, als nähme die Alte eine Maske nach der anderen ab. Über die eingefallenen Wangen huschte ein mädchenhaftes Strahlen; die Augen, eben noch stumpf, wurden erfüllt von mildem Glanz, bis ihr Lächeln aus zahnlosem Mund die einstige Jugend erahnen ließ; dann verwischte sich das Milde, Zarte; gebrechliches Alter wurde wieder sichtbar. Die Zeiten verschwammen in diesem Gesicht. Erinnerung an bessere Tage mochte hinter der Stirn aufflackern. Das Gesicht wurde zum Vexierbild. Mädchen, Frau, Großmutter — alle Lebensstadien spiegelten sich wider.

»Eine arme Irre«, sagte der Begleiter des Journalisten, Mitarbeiter einer amerikanischen Hilfsorganisation, »sie hat ihre Familie verloren. Das brachte sie um den Verstand. Kommen Sie, wir müssen weiter.«

Ein Verrückter

»Was meinen Sie, was Ihre Kollegen in Dacca und die Behörden in der Hauptstadt von Ihnen halten?« fragte ich. Die Antwort kam spontan: »Die halten mich für verrückt«, sagte Dr. Zafrullah Chowdhurry, der bengalische Arzt, und lachte herzhaft unter seinem Seehundsbart hervor. Die Gelassenheit paßte zur Frische des Morgens. Noch war es angenehm, auf dem dürren Gras in der Sonne zu sitzen. Später wurde die Glut unerträglich. »Um die Probleme meines Landes zu verstehen, muß ich in die Dörfer gehen«, erklärte Dr. Chowdhurry, »die Perspektive in den Amtsstuben der Hauptstadt ist genauso oberflächlich wie ein Blick vom Eiffelturm auf

Paris.« Seine Frau Susanne, ein Deutsche, kam mit einem Teller in Öl gebackener Mehlfladen aus der Baracke, ihrer behelfsmäßigen Bleibe seit Monaten. Warum der Arzt aus hauptstädtischer Sicht für verrückt angesehen wird, erschloß sich dem Gast ziemlich schnell. Das Idyll der sonnigen Szene trog. Wir sprachen beispielsweise über Korruption.

»Ich will die Verwaltung in unserem Lande nicht besonders herabsetzen, schließlich gibt es Korruption nicht nur bei uns«, meinte Dr. Chowdhurry, »aber wenn sie wenigstens eingeschränkt würde, könnte alles um die Hälfte besser gehen.« Seine Antwort auf die Nöte Bangladeshs heißt: Volksgesundheitszentrum. Es entsteht beim Dorf Savar, fünfundzwanzig Meilen nördlich von Dacca. »Mit herkömmlichen, das heißt mit westlich orientierten Ausbildungsmethoden ist unserem Lande nicht zu helfen«, berichtete er. »Sechzig Prozent aller medizinischen Aufgaben könnten bei uns von Leuten erfüllt werden, die nur ein paar Monate Training haben.« Es ist seine Lieblingsidee; sie stammt aus der Volksrepublik China. Das Team um Dr. Chowdhurry wartete nicht, bis irgendwelche Spenden aus dem Ausland eintrafen und das medizinische Beratungs- und Behandlungszentrum neben den Reisfeldern komplett war. Es sollte ein Modell werden. Ein Beispiel vor allem für die eigenen Behörden.

Die Vorgeschichte des Volksgesundheitszentrums beginnt in der Nähe des indischen Dorfes Agartala. Dort, nahe der Grenze zu Ostbengalen, hatten die Chowdhurry-Leute während des Bürgerkrieges im August 1971 ein Feldlazarett eingerichtet. »Als der Krieg ausbrach«, so erinnerte sich der Arzt, »war ich in London. Dort habe ich studiert und als Chirurg gearbeitet. Aber als sich die Krise zuspitzte, meinte ich, es sei meine Pflicht, meinem Lande zu helfen.« Der Arzt, in europäischer Medizin und modernen westlichen Methoden ausgebildet, ging in den Busch. Aus Bambus wurden Hütten gebaut. Stroh diente als Lager. Das Lazarett wurde Bangladesh-Hospital genannt. Damals war das ein Kampfruf; Bangladesh war noch nicht der Name eines Staates, sondern Ziel leidenschaftlichen Streites. Hunderte von Flüchtlingen und verwundeten Guerilleros wurden behandelt. Die Monate waren für Dr. Chowdhurry sein persönlicher Abstieg vom Eiffelturm: »Ich wurde zum erstenmal in meinem Leben mit den Problemen meines Landes konfrontiert«, erzählte er während der morgendlichen Untersuchung im Ambulanzzelt, assistiert von seiner Frau und bengalischen Helferinnen. Draußen wartete eine Schlange von Frauen, von denen einige — islamischer Tradition entsprechend — die Gesichter verhüllt hatten. Nach europäischen Vorstellungen sei unter den Landleuten überhaupt niemand gesund; der Arzt deutete auf die anwachsende Menschenmenge vor dem Zelt. »Würmer, Eiweißmangel, Blutarmut, all das gilt hier als normal.« Nur er selbst und sein Tun nicht. Nach dem Krieg hat er das Lazarett aufgelöst und es mit seinen Helfern im Innern Bangladeshs als Volksgesundheitszentrum Savar wieder aufgebaut. Es gab keinen Weg mehr zurück zur eigenen alteingesessenen Familie in Dacca, zu den wohlhabenden Leuten der Hauptstadt, zu den Nichtverrückten.

Sri Lanka

Teatime im N. O. H.

»Somerset Maugham?« Der zierliche, kleine Mann überlegt und schüttelt den weißhaarigen Kopf. Nein, den kenne er nicht. »Soll der mal hier abgestiegen sein?« fragt er zurück, ein wenig unsicher, weil er einen prominenten Gast vergessen haben könnte. Er macht ein nachdenkliches Gesicht und zieht über der Brille die Stirn in Falten: ein Mann, den man eher mit einer Schule in Verbindung brächte als mit einem Hotel; doch Mr. Ranasinghe ist seit fast dreißig Jahren dienstbarer Geist im New Oriental Hotel in Galle, im N.O.H., wie die Kenner in der Hafenstadt Galle an der Südküste Ceylons sagen. Der schmächtige Körper des Kellners steckt in knöchellangem Sarung und einem weißen Jackett mit halbhohem Kragen. Nein, den Somerset Maugham habe er während seiner Laufbahn als Waiter niemals bedient, erklärt Mr. Ranasinghe, nun seiner Sache ganz sicher. Er stellt das Tablett auf den Rotangtisch: einen Pott mit starkem schwarzem Tee, eine Kanne mit heißer Milch, eine mit heißem Wasser, ein paar Biskuits, Zuckerdose, ganz so, wie es britische Art ist. Und die hat sich im N.O.H. erhalten, das seinem Namen zum Trotz das älteste Hotel ist in Galle, mittendrin in den wellenfesten Mauern des Forts.

Vor dem Portal des N.O.H., im Schatten uralter Bäume, döst ein Rikschafahrer in seinem zweirädrigen Vehikel, als habe er die Neuzeit verschlafen. Und Ranasinghe – mag er den Somerset Maugham kennen oder nicht, der die letzte stabile Phase der britischen Weltherrschaft in Südasien literarisch festgehalten hat – der Waiter

selbst könnte eine Randfigur in einer der Maughamschen Stories sein; ein Statist im kolonialen Schauspiel, das mit dem Einholen des Union Jacks endete. »Anytime is teatime«, sagt der Kellner vom Volke der Singhalesen, und ein Lächeln überzieht sein feingeschnittenes Gesicht. Der zerbrechlichen Gestalt ist nicht anzusehen, daß der Mann während der langen Kellnerjahre den Tee bereits in Hektolitern ausgeschenkt und die Steaks zentnerweise getragen hat. Er erzählt in leisem Englisch von den Zeiten, da im N.O.H. noch britische Teepflanzer, Kolonialbeamte, Marineoffiziere der Royal Navy und durchreisende Weltenbummler vom Schlage eines Phileas Fogg Station machten und schon vor Sonnenaufgang nach Early Morning Tea verlangten.
Waiter Ranasinghe zieht einen dicken Strich zwischen den Reisenden früherer Zeiten und den heutigen Touristen. Auf der Terrasse sitzen kurzbehoste junge Europäer und Amerikaner mit T-Shirts, die das Emblem ihrer Reisegesellschaft aufgedruckt haben; die Mädchen zeigen viel gebräunte Haut. Der Kellner Ranasinghe bedient die Zugvögel des Düsentourismus mit der gleichen reservierten Professionalität, von der Selbstbewußtsein und Persönlichkeit ausgehen, mit der er einst Pflanzer bedient haben mochte. Für die Neuzeit hat er eine Unterscheidung parat: Touristen und Hippies. Letzteren fehle es an guten Manieren, urteilt er sanft, die trieben sich überall herum, rauchten Hasch und geben der ceylonesischen Jugend verderbte Beispiele. »Das sind keine First Class People«, sagte er mit festem Ton, als sei er der Hoteldirektor persönlich. Diese erstklassige Gattung scheint ohnehin auszusterben. »Touristen wollen schwimmen und unter Palmen liegen«, erklärt Mr. Ranasinghe, »unser Hotel aber ist von den Mauern des Forts umgeben und verfügt über keinen Strand.« Wer kommt, bleibe über Nacht und reise weiter. Early Morning Tea wolle niemand mehr. Das Zeitalter der fliegenden Jumbos hat das N.O.H. in die Nähe von Museen gerückt. Der Waiter Ranasinghe serviert ein Stück Geschichte. Der kleine Mann, der fast sechzig ist, hat sechs Kinder; vier Mädchen, zwei Jungen. Keiner seiner Sprößlinge arbeitet im Hotelgewerbe. Die haben studiert, leben in Colombo, sind gut verheiratet. »Die Kinder sollten es besser

Holländische Grabsteine vor dem New Oriental Hotel in Galle

haben als ich«, sagt Vater Ranasinghe und schenkt dem Gast Tee nach. Tee mit Milch und Zucker.

Die Krankheit

Wenn es Winter wird in Wien, hält ihn dort nichts und niemand mehr. »Es ist eine Krankheit«, sagte er mir siebentausend Kilometer weiter östlich; er sagte es mit dem wissenden Lächeln des Kranken, der die Medizin oft genug erprobt hat, um von ihrer zeitweise heilenden Wirkung überzeugt zu sein. Der Fernwehbazillus hatte den alten Mann aus Wien wieder gepackt; und in jenen Wochen kurierte er sein chronisches Leiden auf Sri Lanka. Wir saßen auf der Terrasse des New Oriental Hotel in Galle.

»Solch ein feines Hotel kann ich mir eigentlich gar nicht leisten«, erklärte der Weltenbummler, der als Beruf »Pensionist« angab. Doch der Komfort schien ihm sichtlich wohlzutun. Diese Reise wäre fast seine letzte geworden. Im Osten Ceylons war er ein paar Tage zuvor in einen Wirbelsturm geraten. Sein Hotel hatte der Zyklon weggefegt wie Tausende anderer Häuser. »Es ist ein Wunder, diesen Schrecken überlebt zu haben«, sagte er. Tagelang gab's nur noch warmes Bier und Biskuits. Ein Armeehubschrauber flog ihn, den einzigen Touristen weit und breit, aus dem Katastrophengebiet heraus. In seiner Stimme schwang nichts mehr von diesen Aufregungen mit. Dafür hatte der Mann schon zu viele lebensgefährliche Situationen überlebt.

Seit einem Jahrzehnt ist er Rentner, seither treibt es ihn immer wieder nach Asien. Als die Frau noch lebte, reiste er nur durch Europa: »Madrid, Rom, Barcelona, Paris — überall könnte ich eine Führung machen, so gut weiß ich dort Bescheid.« Dann starb die Frau. Keine Familie, keine Kinder. Die Welt jenseits vom Khaiber-Paß stand ihm offen. »Damals war das Reisen ja noch viel beschwerlicher als heute«, erinnerte er sich, »tage- und nächtelang in Überlandbussen.« Die körperlichen Folgen — er lachte und sagte: »An Oarsch wie an Aff.« Jaja, manchmal überkomme ihn der Zorn, wenn

Schmutz, Formalitäten und Strapazen zu lästig werden; dann heiße er sich selber dumm, und das Heim in Wien mit Radio und Fernsehen gewinnt emotionalen Wertzuwachs, wenn er sich in Gegenden herumschlage, die »hygienisch unterm Hund« seien. Aber was soll's! »Ich hab' zwei Weltkriege mitgemacht«, erklärte er. Ein gemütlicher alter Herr mit rosigem Gesicht, der Asien durch dicke Brillengläser sieht. Ich stellte ihn mir im Kaffeehaus am Stephansdom vor oder hinter einem Glas Heurigen in Grinzing. »Ich lebe in Asien billiger als in Wien«, sagte er, »außerdem habe ich unterwegs immer Gesellschaft.« Er erzählte von Städten, Menschen, Landschaften, von Autopannen, Bergtouren und Geldspartricks auf dem indischen Subkontinent. Er kennt ihn wie seine Hosentaschen, deren Reißverschlüsse es Langfingern schwermachen: »Mir ist noch nie nix gestohlen worden.« Alle Reisen werden ausführlich registriert. »Da, meine Aufzeichnungen.« Er reichte mir ein Heft, das wie ein Kassabuch geführt war. Ein Buchhalter könnte die Vermerke nicht sorgfältiger machen. Ordnung muß sein. Daheim an der Donau hat er seine Leiche dem Anatomischen Institut vermacht. Und wenn er unterwegs irgendwo in Asien sterben sollte? »Na dann«, er zuckt mit den Schultern, »nach mir die Sintflut.« Aber von ihm strahlte so viel Energie aus, daß solche Gedanken überhaupt nicht wichtig erschienen. Andere mit vierundsiebzig Jahren mögen sich auf ihrem Rentnerbänkchen ausruhen. Ihn treibt eine Krankheit nach Asien. Er flieht in Wien den Winter und die Einsamkeit.

Bettler-Bilder

Der Omnibus bohrt sich durch Colombos Bauch. Der Bauch ist mit wimmelnden Menschen, Ochsenkarren, Taxis, uralten Autos, mit Hunden, Kühen und Armut vollgestopft. Der Bauch heißt Pettah. Unter mittäglicher Sonne kocht er im Schweiße ungezählter Körper: jener Basar Colombos, der alles Leben der ceylonesischen Hauptstadt in sich zu schlingen scheint. Im Innern des Omnibusses quetscht sich ein Alter an den Passagieren vorbei, tastet sich eine

Tamilische Teepflückerin im Hochland von Sri Lanka

Gasse durch die zu einem Leib zusammengepreßten Leute. Wer kann, macht sich um Zentimeter schlanker. Der Greis krächzt einen Singsang. Die knöchrige Linke hält eine gerahmte Familienfotografie über die Köpfe: Der Mann ist im Kreise von Frau und Kindern zu sehen, wohlsituiert, jung; er lacht in die Kamera, und seine Augen strahlen. Die Finger der Rechten reißen die Lider auseinander, leere Augenhöhlen den Blicken der Menge preisgebend.

Vor dem Fahrkartenschalter im Bahnhof windet sich eine Kreatur: Wurmgleich kriecht die Gestalt um die Füße der Wartenden, ein menschliches Wesen, zusammengeschrumpft auf verdrehte Glieder; einmal das Gesicht in den schmutzigen Boden gesenkt, einmal in aufgerissenem Munde die Zahnlücken bleckend. Der Mann da unten schreit und winselt und fordert. Wer ihm eine Münze zuwirft aus der Höhe der Stehenden hinab in die Tiefe des Kriechenden, bekommt als Dank die letzte Erniedrigung: der Schlangenmensch küßt seinem Spender die Füße. Dann rutscht er um die Ecke, im Staub eine Spur nach sich ziehend wie ein riesenhaftes Insekt. Außer Sichtweite richtet er sich auf und läuft auf gesunden Beinen davon, nicht von körperlichen Gebresten zu Boden gezwungen, sondern von Verhältnissen, die es den Menschen schwermachen, den Reis aufrecht zu verdienen.

Das Mädchen mag zehn Jahre alt sein. Im Zug von Colombo südwärts tanzt und singt es gegen Rütteln und Lärmen an. Das Mädchen hüpft durch den Mittelgang, springt über Schachteln, Säcke, Koffer. Die dünnen Arme flattern einem imaginären Partner zu. Die mageren Beine unter verwaschenem Rock kämpfen gegen das Schaukeln an, Halt suchend, wo es keinen Halt gibt. Die Männer auf den Bänken ringsum lachen. Die Frauen wenden den Blick ab. Das kleine Gesicht des Mädchens ist zu klagender Traurigkeit verzerrt. Krallenförmige Finger formen eine Schale. Billige Münzen der Armen fallen in die Hände der Ärmeren. Manche der abgegriffenen Geldstücke tragen noch heute den Kopf des VI. Georges und die Jahreszahl 1945. Jahrzehnte nach der britischen Kolonialzeit. Am Zugfenster fliegt die tropische Idylle einer Ansichtskarte vorbei. Palmen, Strand und Meer — genau wie es der Reisekatalog versprach.

Die kleine Blume

Allimalar ist vierzehn Jahre alt, eine der Teepflückerinnen auf der staatlichen Pflanzung Leangawela nahe Bandarawela. Allimalar ist ein tamilischer Mädchenname. »Kleine Blume« bedeutet er. Ihr Tag beginnt früh um fünf. Es dämmert über den Teehügeln im Hochland von Sri Lanka, dessen früherer Name Ceylon als Gütezeichen für exzellenten Tee gilt. Noch ist es kalt, sehr kalt in fast zweitausend Metern Höhe. Die Menschen in der Barackensiedlung wickeln sich aus ihren Säcken und zerschlissenen Decken. Die Nachbarfamilie in der mit Wellblech gedeckten Behausung besitzt ein Holzbett; die meisten anderen Menschen müssen auf dem Zementboden schlafen, zusammengerollt wie die Hunde. Es gibt keine Elektrizität. Wenn die Rohre in Ordnung sind, spendet ein Gemeinschaftshahn fließendes Wasser. Erkältungen, Asthma und Lungenentzündungen gehören zu den alltäglichen Plagen. Zum Sanitäter in die Ambulanz nahe der Teefabrik zu laufen, hat wenig Zweck. Der Gang kostet Zeit, in der kein Tee gepflückt wird und keine Rupie verdient werden kann. Der Sanitäter hat ohnehin kaum Medikamente. Nur bei lebensgefährlichen Fällen kann er die Einweisung ins Hospital veranlassen.

Allimalar ist noch jung und kräftig. Zusammen mit den anderen Frauen und Kindern der Barackensiedlung mitten in der Pflanzung zieht das Mädchen aus, um die zarten Teeblattspitzen zu pflücken. Nur die Knospe und die beiden jüngsten Blätter sind gefragt: »Two leaves and the bud.« Alles andere würde der Aufseher mittags bei der Abgabe der Körbe zurückweisen. Drei solcher Körbe voll, auf dem Rücken getragen, von einem Stirnband gehalten, sind eine gute Tagesleistung. Tageslohn: bestenfalls zehn Rupien, der Preis einer Flasche Bier.

Mit steigender Sonne wird die Hitze lastende Qual. Der Aufseher treibt die Frauen an. Sein Geschrei tönt über den grünen Teppich der Teesträucher. Nur an zweihundert Tagen im Jahr kann gepflückt werden. In der restlichen Zeit aber kommt keine Rupie in die vom Teeblatt geschwärzten Finger der Frauen. Dann muß das Einkommen der Männer reichen, die bei Neupflanzungen und bei der Pflege der alten Sträucher helfen oder in den Teefabriken arbeiten. Im Gegensatz zu den ebenfalls verarmten einheimischen singhalesischen Bauern verfügen die meisten aus Südindien stammenden tamilischen Teepflücker über kein eigenes Land, können zum täglichen Nahrungsbedarf nichts anbauen, sondern sind abhängig von den Estate-Läden, in die der größte Teil ihrer Löhne fließt.

»Anytime is teatime« – noch immer verkünden auf der Insel Sri Lanka viele Werbetafeln diese Maxime aus der britischen Kolonialepoche. Daß jederzeit Teezeit ist, war einst Ausdruck angelsächsischer Gelassenheit. Für die tamilischen Teepflücker wurde Tee zum Schicksal. Ihr ganzes Leben ist Teezeit. Allimalar, die kleine Blume, hat nie eine Schule besucht. Der Weg ist vorgezeichnet. Mit achtzehn wird Allimalar heiraten und mit zwanzig spätestens das erste Kind haben und von Niederkunft zu Niederkunft in den Teebergen schuften. Genauso wie die anderen Frauen, die in ihrer Gruppe durch die hüfthohen Pflanzungen wandern, Blatt für Blatt über die Schulter in die Körbe werfend.

Indien

Mißverständnisse

Wenn ein Europäer in einem indischen Dorf aufkreuzt, geraten die jungen Leute aus dem Häuschen. Ein Fremder ist in abgelegenen Gegenden eine Sensation; und wenn er eine Kamera zückt, dann drängelt sich das jugendliche Volk vors Objektiv. Neugier auf beiden Seiten.

Für die Einheimischen ist der Gast ein lebendiger Vertreter jener großen weiten Welt, von der sie längst gehört haben. Transistorgeräte gibt's überall; der Krämer im Dorf verkauft auch Batterien. Über den Äther schwirren die Botschaften vom sogenannten Fortschritt auch dorthin, wo von seinen zweifelhaften Segnungen noch nichts zu spüren ist.

Ein Auto mag den Jungen in ländlicher Abgeschiedenheit der Inbegriff des modernen Lebens sein, als dessen Repräsentant der durchreisende Europäer gesehen wird. Und er, der da emsig auf den Auslöser drückt, hat jene Exotik vor Augen, die auf ihn so erholsam wirkt: die malerische Szene eines indischen Dorfes. Freilich weiß der Reisende von den Nöten, kennt Begriffe wie Bevölkerungsexplosion und Terms of Trade; aber tief in ihm stecken auch die romantischen Vorstellungen vom einfachen Leben, die im kühlen Abendland ihre Traditionen haben. Von den »Wilden« als den besseren Menschen schwärmte schon ein Seume im 18. Jahrhundert.

Neugier auf beiden Seiten. Was erfahren Gast und Einheimische wirklich voneinander? Umweltverschmutzung in den industriellen Zentren als Preis für Fortschritt – die jungen Leute im Dorf schütteln ungläubig die Köpfe. Opfergaben für die Reisgöttin zu Beginn der Aussaat, Tänze zur Beschwörung der guten Geister — der Fremde zuckt mit den Schultern.

Scheide-Münzen

Auf dem Pattaalam-Markt in Madras drückte mir die Obsthändlerin ein paar Münzen als Wechselgeld in die Hand. Abgegriffene, vielkantige Paise-Stücke. Zum Erstaunen der Marktfrau untersuchte ich die mattsilbernen Dinger, als sei mir gerade eine Sammlerrarität zu eigen geworden. Nicht deren Existenz verblüffte mich, sondern die Tatsache, daß ich sie erst bei dieser Gelegenheit zu sehen bekam: mitten im Gewühl eines der turbulenten Märkte einer indischen Millionenstadt, wo die Armen und Ärmsten handeln und feilschen und die erworbenen Minimengen mit Münzen bezahlen.
Seit Tagen war ich durch den indischen Subkontinent gereist, hatte gleich bei der Ankunft auf dem Flugplatz in New Delhi einige Travellerschecks eingetauscht, war weitergeflogen mit im voraus erworbenen Tickets, hatte Taxis benutzt und in reservierten Hotelzimmern genächtigt, hatte in Restaurants gegessen, getrunken, war eingeladen worden und hatte selbst Gastgeber in Restaurants gespielt. Überall waren von mir nur Geldscheine verlangt worden, und Scheine bekam ich gelegentlich zurück. Nirgends war mir auch nur eine dieser Münzen in die Finger geraten, die mir nun die Marktfrau in Madras gab.
Ich wog die billigen Blechstücke und fand sie ziemlich leichtgewichtig. Ich hatte nicht nur Geld, sondern wieder einmal Welten gewechselt. In meiner Hand hielt ich Scheide-Münzen. Wo eine einzige Hotelnacht so viel kostet, wie ein indischer Lehrer im Monat verdient, verzichtet man auf Nichtigkeiten hinter dem runden Sechshundert-Rupien-Tarif. Wo für eine Flasche Bier der Zwölf-Stunden-Verdienst eines Tagelöhners auf den Bartresen zu legen ist, wird der Gast nicht mit Paise belästigt. Er würde aufrunden, also erspart man ihm mit einem Zuschlag diese Mühe. Eine Rupie ist etwa fünf-

undzwanzig Pfennig wert. Eine Rupie hat hundert Paise. In der einen Welt ist das die Währungseinheit, die das Überleben bestimmt. In der anderen hält sich niemand mit einem Paise-Pfennig-Vergleich jenseits der Nullkommasowieso-Grenze auf. Auf den Märkten und in Bettlerschalen werden Paise-Stücke gezählt. In klimatisierter Umgebung erfährt man nicht einmal, daß es so etwas gibt. Diejenigen, die über genügend Geld verfügen, brauchen es ohnehin nicht in die Hand zu nehmen. Schecks und Kreditkarten sind der Ausweis dessen, der zur bargeldlosen Gesellschaft gehört. Man kann innerhalb dieser Welt reisen und speisen, ohne die andere überhaupt zur Kenntnis nehmen zu müssen.
Am selben Abend fand im Hotel, dem feinen, eine Hochzeit statt. Indiens Oberschicht gab sich die Ehre. Die Damen in wundervollen Saris, die Männer in Maßanzügen. Zu Hunderten, zu Tausenden waren sie gekommen. Ein Blumenrausch. Eine Orgie indischer Kochkunst. Ich stand neugierig am Rande des prachtvollen Durcheinanders. Dann wurde ich eingeladen als ein gesellschaftlich willkommener Gast. Beiläufig ließ einer der Männer aus der Familie des Bräutigams wissen, das Fest werde wohl so um die achtzigtausend kosten. Ein anderer korrigierte: hunderttausend. Ich fragte: Rupien? Kopfschütteln. Paise? Herzliches Gelächter. Natürlich nicht. In ihren Kreisen werde in Dollars gerechnet — in amerikanischen, versteht sich.

Lady am Steuer

Einige Kilometer östlich der südindischen Metropole Hyderabad liegt der Vorort Kukatpalli, mitten in einer kargen Ebene, wo hochrädrige Ochsenkarren eine lange Staubwolke hinter sich herziehen und während der Trockenheit das Trinkwasser zur Kostbarkeit wird. In dieser unwirtlichen Landschaft steht ein weitläufiges Rehabilitationszentrum für Leprakranke. Als für dessen Gründung vor drei Jahrzehnten Mrs. Kumudini Devi bemittelte Förderer suchte, war keineswegs sicher, daß diese Stätte gelebter Menschlichkeit einmal weit über Indiens Grenzen hinaus berühmt werden sollte. Die Schwierigkeiten beim Auf- und Ausbau des Lepraheimes klingen nun aus dem Munde seiner Initiatorin ebenso beeindruckend, wie es ihre offenbar unerschöpfliche Energie ist, mit der Frau Kumudini Devi alle Hürden zu meistern scheint. Sie plaudert mit Witz und Charme, eine Frau, die sich ihrer Wirkung bei den Zuhörern bewußt ist und keine Tricks nötig hat, um eine Story aufzupolieren. Nur als sie ihr Alter ohne eine Spur von Koketterie mit vierundsiebzig Jahren angibt, löst sie beim Besucher Unglauben und Widerspruch aus.

Die junge alte Dame stammt aus der indischen Oberschicht und erzählt mit derselben Gelassenheit vom einstigen Palast, von der Familie und den zwanzig Bediensteten, wie sie die gegenwärtigen zwei Hausgehilfen und die viel beschränkteren Wohnverhältnisse erwähnt. »Nicht weil wir ärmer geworden sind«, sagt sie, »sondern weil wir unseren Besitz aufgeteilt haben.« Sie erzählt, und es ist, als gewähre mir die Geschichte eine Audienz. Das Indien von vorgestern, die Kolonialzeit, der Unabhängigkeitskampf. Mrs. Kumudini Devi hat ihren Part dabei gespielt. Sie strahlt die angeborene Autorität aus, die sich bereits in Kinderjahren gegen brüderliche Stärke zu behaupten hatte. Der Vater war von dem Erziehungsziel besessen gewesen, die Tochter dieselben Fertigkeiten erlernen zu lassen wie die vier Söhne. Das einzige Mädchen in solch männlicher Umgebung übte sich im Gebrauch eines Gewehres, um mit auf die Jagd gehen zu können, und es setzte sich ans Steuer eines Autos, um es den Brüdern gleichzutun.

»Stellen Sie sich vor: eine Frau in Indien und solche Sachen«, die dunklen Augen hinter Brillengläsern blitzen auf, »und das war Anfang der dreißiger Jahre, damals ließ sich eine Lady chauffieren, aber sie setzte ihren Fuß doch nicht aufs Gaspedal.« Ihr Lachen klingt noch immer mädchenhaft, als sie berichtet, wie ihr erstes automobiles Abenteuer in einem Straßengraben endete. »Nach dem Unfall wollte ich aufgeben, aber Vater und Brüder duldeten keine Schwachheit. So fuhr ich eben weiter Auto. Eine der ersten Frauen in Indien, die so etwas taten.«

Aufgeben war nie ihre Sache gewesen. Auch in der Lokalpolitik hat Mrs. Kumudini Devi die Richtung mitbestimmt und hat in Verwaltung und Wirtschaft zeitweise das Steuer übernommen. Als sie der tagespolitischen Geschäfte überdrüssig war, lenkte sie in den fünfziger Jahren ihre erprobte Energie auf das große Vorhaben, das zum Lebenswerk werden sollte: Menschen zu helfen, die, von Lepra gepeinigt, in den Teufelskreis von Armut, Unwissenheit und gesellschaftlicher Verachtung geraten sind. »Sivananda« nannte sie die Organisation: Freunde, Anhänger des Gottes Shiva, des volkstümlichsten und beliebtesten der hinduistischen Götter: Zerstörer und Erneuerer in einem.

Handlungen

Ich besichtige Werkstätten am Rande von Hyderabad: Weberei, Schuhmacherei, Schneiderei, Kerzenproduktion. Überall emsige Geschäftigkeit. Die Frauen und Männer an den Werkzeugen und Maschinen grüßen den Besucher. Freundlich, neugierig, ein wenig scheu. Indischem Brauch gemäß falten die Menschen ihre Hände und heben sie vors Gesicht zur Stirn. Hände? Stirn? Gesicht? Ich bin vorbereitet. Bilder aus einem Lepra-Rehabilitationszentrum kennt man — glaubt man zu kennen.

Die Wirklichkeit in den Werkstätten von Kukatpalli ist anders. Da wird allen organischen Schäden zum Trotz gearbeitet. Fingerreste halten das Schiffchen im Handwebstuhl in Gang. Verkrüppelte Füße treten die Schwungplatte der Nähmaschine. Handballen bereiten das Wachs zum Guß vor. Armstümpfe schwingen den Schusterhammer. Da arbeiten Menschen, die nicht Aussätzige sein wollen und denen niemand sagt, daß sie Aussätzige sind. Hier werden Schuhe, Kleider, Talglichter gemacht, die dem Eigenbedarf nützen, aber auch auf den Märkten der Stadt ihre Abnehmer finden. Ein produktiver Trotz liegt in der Luft, ein vereintes «Dennoch« bestimmt die Atmosphäre. Ich schaue in Augen und Gesichter, die so anders sind als die meisten der gesunden Menschen im Gedränge

der Straßen draußen; und ich spüre, daß hier Schicksal nicht nur ergeben hingenommen, sondern als eine Herausforderung gemeistert wird.
Für fünfundsiebzig Leprapatienten war das Heim einmal von der Sivananda-Stiftung eingerichtet worden. Ein Notaufnahmelager für die Ausgestoßenen und Geächteten. 1976 wurde das Zentrum für tausend Kranke erweitert und deren Rehabilitation zum eigentlichen Ziel erklärt. Dr. August Beine, Orthopäde und Lepraspezialist aus dem westdeutschen Münster, arbeitet hier seit 1981 als Chefarzt. Mehr als zweitausend von Lepra deformierte Gliedmaßen hat der Mediziner bereits chirurgisch versorgt. In einem Nebenzimmer wartet eine Gruppe seiner Patienten. Dr. Beine erklärt an ihren Fingern die Kompliziertheit einer Handoperation und die Chancen des Gelingens. Seine Methoden haben in Fachkreisen Aufmerksamkeit erregt. »Als Unfallchirurg könnte ich sicher nicht so gut wirken, weil alles schnell gehen muß«, sagt er beiläufig, »ich möchte mich genau auf jede Operation einstellen können; ich muß gründlich vorbereiten, planen, Zeit zum Nachdenken haben.«
Hände recken sich mir entgegen, die einmal Krallen gewesen sind. Steife Finger krümmen sich wieder. Mit ärztlicher Kunst, Medikamenten, Gymnastik und dem Selbstbehauptungswillen der Patienten läßt sich das Unglaubliche schaffen: Was schon der Lepra zum Opfer gefallen war, wird von Menschen zurückgefordert. Worte wie »helfende Hand«, »Handlung«, »eine Hand reichen« bekommen einen unmittelbaren, packenden Bezug. Unwillkürlich spannen sich die eigenen Finger; und in neuer Bewußtheit werden deren Bewegungen ausprobiert. Gesundsein! Es ist die spontane Erkenntnis eines nur scheinbar selbstverständlichen Privileges.

Frauen stehen auf

Der Markt von Pattaalam im Norden von Madras unterscheidet sich äußerlich nicht von anderen Handelsplätzen der Arme-Leute-Viertel. Auf den ersten Blick ein chaotisches Durcheinander von Menschen, die in der vollgestopften Basarenge Indiens Überbevölkerung und deren unerschöpfliche Kraft des täglichen Überlebens zugleich erahnen lassen. Das ist nichts für empfindsame Gemüter. Gestank aus Abwassergräben mischt sich mit dem Duft von Jasminblüten. Über Fischgeruch und dem getrockneten Kuhmistes liegt das betörende Aroma exotischer Gewürze. Da wird palavert, geschrien und gesungen. Bettler strecken ihre von Lepra zerfressenen Hände aus. Buben schleppen Messingkrüge mit Wasser auf den Schultern. Und mitten im Gedränge: die Marktfrauen. In ihren farbenfrohen Saris hocken sie hinter Fisch, Gemüse, Früchten, preisen Stoffe, Blumen, Backwaren an, haben Teepäckchen, Eier und »Beedis«, die in Blätter gerollten Zigaretten lokaler Machart, ausgelegt. Nein, der Markt von Pattaalam unterscheidet sich nicht von den anderen. Das Besondere läßt sich nicht auf den ersten Blick erkennen. Erst das Gespräch mit den Marktfrauen vermittelt überraschende Einsichten in Veränderungen.

Viele der in diesem Viertel lebenden Frauen sind Mitglieder des »Working Women's Forum«, einer selbständigen Frauenbewegung, die 1978 in Madras gegründet wurde. Nahe beim Markt halten sie eine Versammlung ab. Mädchen mit bunten Blüten im Haar kommen herbei, junge Mütter setzen sich auf den Boden, Säuglinge im Arm. Frauen reiferen Alters lassen sich nieder; ihre Hände und Gesichter sind gezeichnet von harter Arbeit und Entbehrung. Die Frauen gehören den untersten Kasten an; manch eine zählt zu den »Harijan«, den Kindern Gottes, wie Mahatma Gandhi die Unberührbaren, die Kastenlosen auf der geringsten Stufe der Gesellschaftshierarchie, genannt hat. Ungewöhnliches findet statt. Einzeln stehen die Frauen auf und reden mit klarer, kräftiger Stimme. Frauen, denen Tradition und von Männern bestimmte Verhaltensregeln öffentlich das Schweigen auferlegen, melden sich zu Wort, äußern Meinungen, Programme, Forderungen. Es sind die Stimmen von ganz unten. Sie sprechen von Krediten, Rückzahlung, Gemeinsamkeit.

Allein in Madras machen dreiundzwanzigtausend Frauen in der Organisation mit; in den Dörfern dreier südindischer Staaten sind es weitere vierzehntausend. Mit der gemeinsamen Beschaffung von

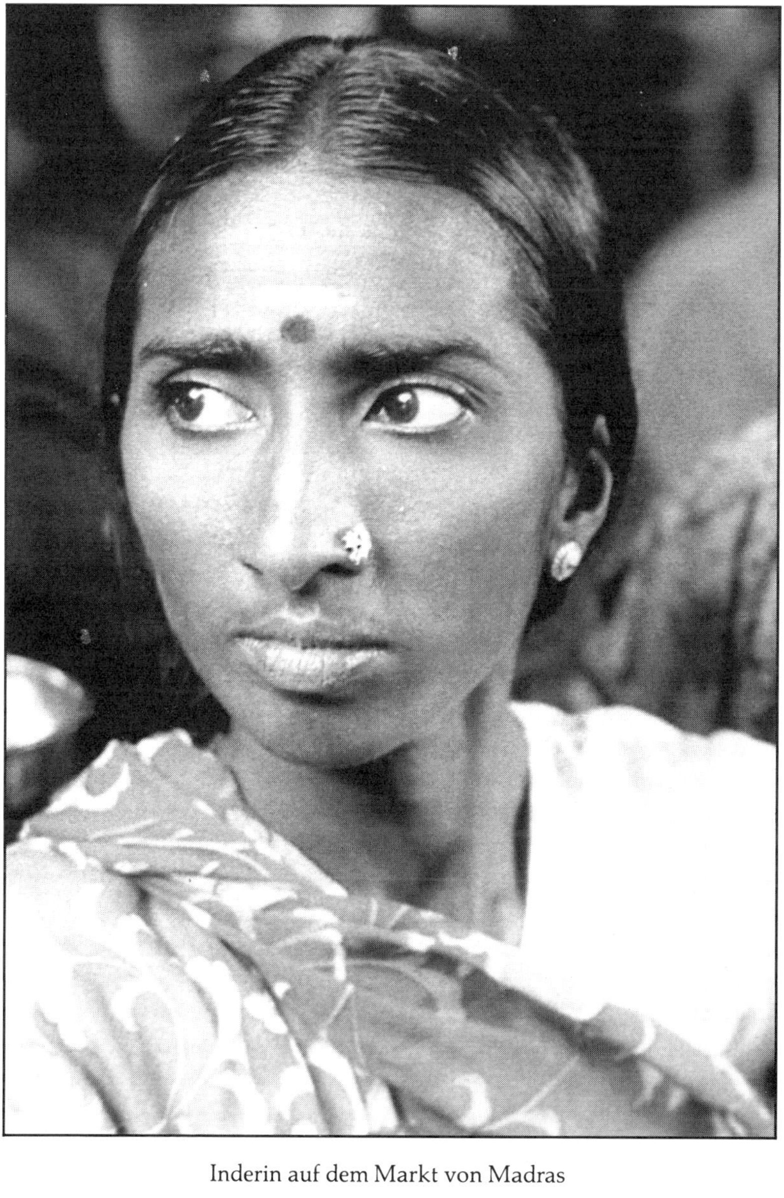

Inderin auf dem Markt von Madras

Kleinkrediten für die Händlerinnen fing es vor einem Jahrzehnt an. Mittlerweile konnte eine eigene Bank auf kooperativer Basis gegründet werden. Die Frauen haben die Familienplanung selbst in die Hand genommen, Abendschulen organisiert, Kurse für handwerkliche Arbeiten eingerichtet. Das Ziel ist klar: Ohne Verbesserung der wirtschaftlichen Lage bleiben alle anderen Versuche, die Lebensbedingungen zu ändern, Stückwerk. Die Gruppenarbeit knüpft dort an, wo jede einzelne Frau ein ureigenes Interesse hat, das es in solidarischer Gemeinschaft mit den Leidensgenossinnen durchzusetzen gilt. Große Worte? Vielleicht. Jedenfalls keine leeren.
Eine eindrucksvolle Szene, wenn einzelne Frauen aus der Gruppe aufstehen, wie sie reden, wie sie Autorität ausstrahlen, sie, denen nie Autorität zugebilligt wurde. Die Frauen aus den Slums sprechen nicht von abstrakter hoher Politik, sondern über Lebenserfahrung. In diesen Morgenstunden teilt sich dutzendfach personifiziertes Selbstbewußtsein mit und übertönt das Getümmel, das vom Markt herüberdringt.

Lachen en passant

Es ist, als ströme am Char Minar halb Indien zusammen. Mitten in Hyderabad ragen die vier minarettähnlichen Türme wie kunstvoll gehauene Felsen aus der urbanen Brandung. An die mächtigen Torbögen schlagen unaufhörlich die Wellen geballter Unrast. Pferdekarren, Lastenträger, Kuhtreiber, Ochsengespanne, Menschen aller Hautfarben, viel automobiles Blech, Rikschas. Es dröhnt und schreit und knattert. Ich fotografiere vom sicheren Ufer einer Seitenstraße aus und spüre doch das Unbehagen, das mich angesichts solch vollkommenen Plurals bedrängt. Das Fotografieren wird zum Hilfsmittel, um wenigstens im Sucher das Chaos überschaubar, durchschaubar zu machen.
Da fährt ein Lachen ins Bild. Ein breites, jugendliches Lachen. Zwei dunkle Augen schauen mich an. Ich lasse den Apparat sinken. Die wogende Masse, in der jedes Gesicht so schnell verschwimmt, er-

hält mit einemmal ein einzelnes Antlitz: das eines Jungen, eines Rikschafahrers. Ein schmutziges Handtuch schlingt sich als Turban um seinen Kopf. Barfüßig tritt der Junge in den Pedalen. Ein an- und eingespannter Arbeiter, der einen älteren Herrn — heller Anzug, gestreifte Krawatte, Sonnenhut — durch den Verkehr strampelt. Der Blick aus pfiffigen Augen mustert mich. Der Junge läßt sein grellrot gestrichenes Vehikel langsamer rollen. Im jugendlichen Lachen schwingt Überraschung über diesen seltsamen Europäer mit, der ihn fotografieren will, ausgerechnet ihn — vielleicht spielt auch ein bißchen Geschmeicheltsein mit. Jedenfalls reckt er sich, strafft den Oberkörper, den ein durchgeschwitztes Hemd umhüllt. Der Junge winkt. Eine Hand an der Lenkstange, die andere übermütig in die Luft geworfen. Ich winke zurück.
In diesem Augenblick springt mitten im Gewühl ein menschlicher Funke über. Zwei Wesen unterschiedlicher Welten nehmen einander zur Kenntnis. Neugier. Der Gedanke, ins Gespräch kommen zu können. Die Ahnung, daß es viel zu erzählen gäbe. »Zwei fremde Augen, ein kurzer Blick . . .« Die indische Version von Tucholskys Großstadt-Augen. Noch im Vorbeifahren und mit gewendetem Kopf: dieses frische Lachen. Im Strom des Überlebenmüssens geht es unter. Ein Mensch. Ein einzelner inmitten der vielen. Der unerbittliche Strom saugt ihn fort. Ich vergesse, den Auslöser zu drücken.

Exotische Gäste

In Gartenzwergen einen deutschen Beitrag zur Weltkultur sehen zu wollen, mag vermessen sein. Über den ästhetischen Wert der rotbemützten Wichte läßt sich nun mal streiten. Ob verspottet oder geliebt, die Zwerge bleiben gelassen und halten seit mehr als einem Jahrhundert in Vor- und Schrebergärten von Krähwinkel ihre Stellung. Wenn es sie aber in die große weite Welt verschlägt, wenn ihrer sieben im fernen Indien sogar museale Karriere machen, reibt sich der mitteleuropäische Reisende doch etwas verblüfft die Augen.

Torbogen des Char Minar in Hyderabad

Am Ufer des Musi-Flusses in Hyderabad lädt ein altehrwürdiger Palast zum Besuche ein. Britisches Empire und Maharadscha-Macht sind da ein architektonisches Zweckbündnis eingegangen. Täglich eilen Heerscharen von Großfamilien und Einzelgängern, Schulklassen und Liebespaaren, Tramps und Touristen herbei und füllen den verschachtelten Bau bis in seine letzten Winkel. In sechsunddreißig Hallen, Räumen, Salons liegt und steht ausgebreitet, was ein Mann der feinen indischen Gesellschaft im vorigen Jahrhundert ein Leben lang zusammengetragen hat. Im Salar-Jung-Museum folgt man in kostbar vollgestopfter Enge den Spuren einer eigenwilligen Sammlerleidenschaft.

Asiatisches, natürlich. Was an Herrschaftssitzen den Luxus von Sultanen, Ministern und Magnaten darstellte, ist großzügig präsentiert. Die goldenen, elfenbeinernen und edelhölzernen Schätze des Orients sind den Blicken des einfachen Volkes freigegeben. Aber nicht nur das. Da rücken Welten zusammen, die durch Ozeane und Zeiträume getrennt sind. Salar Jung, der wohlhabende weitgereiste Junggeselle, umgab sich mit französischen Möbeln, hing flämische Ölgemälde an die Wände und maß die Stunden mit Schweizer Chronometern der präzisen Art. Und verloren ist kein einziges Stück. In trauter Nachbarschaft, die von keinem Sammlersystem, von keiner Stilrichtung beengt wird, stehen Kitsch und Kunst mehrerer Kontinente. East meets West, unerbittlich. »Eines der reichsten und schrecklichsten Museen der Welt«, urteilen kritische Indienkenner; »an eminent institution of education and culture«, lobt der lokale City-Guide.

So gerieten auf wunderbaren Wegen auch die Prototypen deutscher Gartengemütlichkeit in die interkulturelle Kollektion. Mit europäischen Puppen, einer elektrischen Eisenbahn, Spielzeugautos, Zinnsoldaten sind die Zwerge vereint. Aufmerksamkeit ist ihnen gewiß. Wie die Besucher eines mitteleuropäischen Völkerkundemuseums vor Kultobjekten aus dem Kongo, aus Alaska oder Tibet stehen und über deren Bedeutung spekulieren, so bewundern indische Augen die tönernen Abgesandten deutscher Kleingärten. Ein Hauch von Geheimnis umgibt die Wichtelmänner. Fürwahr, exotische Gäste, die in dieser Umgebung mit Spaten und Schubkarren ein Stück weithergeholter Kultur einbringen. Auch diese Aufgabe meistern die sieben Zwerge, ohne mit der aufgemalten Wimper zu zucken.

Annäherung an ein Wunder

Es gibt Bilder, mit denen man aufwächst, die Kindheitserinnerungen werden und einen ein Leben lang begleiten. Die Ansicht eines Weltwunders beispielsweise, ungezählte Male in Schulbüchern, Zeitschriften, auf Bildschirmen geschaut. Solch ein Ort ist vertraut, ohne daß man ihn je betreten hat. Ja die Befürchtung, die Wirklichkeit könne gar nicht so schön, so einmalig, so phantastisch wie das Abbild sein, hält sogar vom tatsächlichen Besuch ab. Irgendwann erreicht man den berühmten Schauplatz doch einmal auf langen Lebensfahrten — und was passiert dann?

Von der Annäherung an das Taj Mahal ist die Rede. Im Norden Indiens, eine halbe Flugstunde südlich von Delhi. Es ist sehr früh am Morgen. Noch streunen Hunde ungestört in wilden Rudeln durch die umliegenden Parks; noch versperren keine Busse die Zufahrtswege. Vielleicht die günstigste Zeit, sich auf ein Wunder einzulassen. Irgendwo schwebt es in dunstiger Ferne. Man kommt nicht einfach an und steht plötzlich davor. Gewaltige rote Tore sind zu durchschreiten, Schatten zu passieren, ehe sich die Sicht öffnet auf den strahlend weißen Kuppelbau mit den vier abseits aufragenden Minaretten. Nur zu Fuß ist der Weg zurückzulegen; bummelnd entlang den Spiegelbildern in den künstlichen Teichen, in denen sich Himmel, Erde und das Taj Mahal begegnen. Behutsam, fast zögernd werden die Schritte gesetzt; nichts überstürzen. Es ist, als könne Hast das feine Morgengespinst aus zartem elfenbeinfarbenem Licht und einer gefühlvollen Legende zerreißen. Endlich steigt die zu weißem Marmor gewordene Geschichte einer Liebe auf.

Der Mogul-Kaiser Shah Jehan, der über Macht und viele Frauen verfügte, liebt schließlich nur noch die eine auserwählte Mumtaz Mahal. Doch neununddreißigjährig stirbt die Angebetete im Kindbett.

Das Taj Mahal im frühen Morgenlicht

Ihr Tod läßt den Herrscher einsam zurück, untröstlich, gebrochen. Seiner Frau ein unvergleichliches Grabmal zu schaffen, wird fortan Inhalt seines Lebens. Von 1632 an schuften zwanzigtausend Arbeiter zwei Jahrzehnte lang, um dem Liebeswahn irdische Gestalt mit überirdischem Glanz zu verleihen. Die Staatskasse wird ruiniert. Tausende von Kulis bezahlen das Wunder mit ihrem Leben. Shah Jehan wird vom eigenen Sohn in der Festung von Agra inhaftiert und daran gehindert, sich selbst ein Mausoleum in Schwarz auf der anderen Seite des Jamuna-Flusses errichten zu lassen. Der Mann, der Macht und Liebe verloren hatte, findet seine letzte Ruhe neben Mumtaz Mahal unter der Kuppel der Reinheit.
»Die größte Filmvernichtungsanlage der Welt«, spottet einer der Touristen, der selbst eifrig auf die Auflöser mehrerer Kameras drückt. Doch das schwerelose Weiß des Taj Mahal entzieht sich der fotogenen Fixierung. In der Hauptkuppel bricht sich ein glockenhelles Echo, das nur an dieser einen Stelle zu vernehmen ist. Wenn der Strahl einer Taschenlampe die farbigen Halbedelsteine im kühlen Gestein aufleuchten läßt, dann erblüht es rot und grün und blau in eigenartiger Wärme. Die in Jahren geschauten Bilder, die auch einmal Taj Mahal hießen, lösen sich auf und verschwinden vor der Wirklichkeit. Keine noch so raffinierte Fotoperspektive hat sie einfangen können. Ich erlebe grandiose Vollkommenheit; und es gibt wieder einen Reisenden mehr, der dem Zauber des Taj Mahal verfallen ist.

Tanz in Kalkutta

An den Lehmwänden der Hütten klebt Kuhmist. Frauen- und Kinderhände hatten den Dreck auf den Wegen zusammengesucht, den heiligen Kühen gewissermaßen unterm Hintern weggekratzt, zu Fladen geformt und zum Trocknen an die Hütten gepreßt. Überall in den Slums von Kalkutta hängen die tellergroßen Fladen. Sobald sie von der Sonne ausgedörrt sind, werden damit die Feuer genährt, auf denen kümmerliche Speisen kochen.

In einem Hof wird getrommelt. Kleine Mädchen tanzen. Ihre nackten Füße springen voller Anmut über den Morast. Graziös folgen die Tänzerinnen dem Rhythmus, den Jünglingshände einem umgestülpten Blecheimer entlocken. Die Fingerspitzen der Mädchen malen Ornamente in die Luft. Ihre zerbrechlichen Beine hüpfen im Takt. Verwaschene Röckchen wirbeln. Aus dunklen Augen in schmalen Gesichtern funkelt Begeisterung. Manchmal sind solche Tänze in den Tempeln der Stadt zu bewundern. Dort tragen die Mädchen wertvolle Gewänder. Dort ziert die Füße goldener Schmuck. Die Füße der Mädchen im Slum von Kalkutta sind schmutzig. Im Nachbarhof, nur durch eine Bambusmatte getrennt, schöpfen zwei Männer grüne Jauche mit Eimern in einen Bottich. Der Kot ist über den Abwassergraben gequollen und muß weggeschafft werden. Eine Wolke von Fliegen umkreist die Männer. Sie haben sich Tücher vors Gesicht gebunden. In der blasigen Brühe des Grabens winden sich weiße Maden. Die Männer stehen bis zu den Knöcheln im Moder. Der Gestank dringt durch den Mattenzaun. Die kleinen Mädchen tanzen, und ihre Mütter pressen neue Kuhfladen an die Lehmwände der Hütten.

Traum im Tempel

Einer jener Tage, die von einem minuziös geplanten Programm gefüllt sind, löst sich in Abendfrieden auf. Dutzende von Gesprächen, besichtigtes Elend, Herumgereichtwerden, bestaunter Luxus, Nachfragen, Hitze, Lärm, Verkehrschaos: all das, was indische Reisetage vom Alltag unterscheiden, bleibt hinter mir zurück. Als ich die Schwelle des Tempels von Thiruvanmiyur am Rand von Madras überschreite, die Schuhe abstreife und kühle Kacheln unter den Füßen fühle, betrete ich eine andere Welt. Hoch in den Palmen des Gartens hängt einem hellen, weißen Lampion gleich der aufsteigende Vollmond. Aus geheimnisvollem Dämmer der Gänge und Hallen weht mir der fettig-beißende Rauch von Öllämpchen entgegen. Vor den Altären mit den in farbige Tücher gehüllten Götterfiguren

stehen Gläubige in schweigendem Gebet. Mich umgibt die durchgeistigte Atmosphäre eines Ortes, an dem Menschen seit vielen Generationen in asketischer Meditation den Weg der Erlösung suchen.
Die Konturen von Raum und Zeit verschwimmen. Aus einem zum Garten hin offenen Nebentrakt tönt weiche Musik. Ich folge dem Gesang von Flöte, Sitar und Trommeln und setze mich unter die Zuhörer. Junge Leute zumeist; die Männer in luftigen weißen Hemden, die Mädchen und Frauen in der blumenähnlichen Farbenpracht der um sie gebreiteten Saris. Niemand beachtet mich, und doch ist mir, als sei ich willkommmen. Ich schließe die Augen; es ist ein heiterer, leichter Rausch, der Traum ewiger Harmonie und schwerelosen Daseins des Menschen, der sich im Unendlichen geborgen weiß. Ich lasse mich fallen und treiben auf den Wellen der Musik, die in unbestimmbarem Gleichklang alle heftigen Regungen besänftigt.
Als ich die Augen öffne, begegnen sie dem Blick eines Mädchens, das mir gegenüber inmitten ihrer Freundinnen sitzt. Ein kurzer Blick aus der Tiefe dunkler Augen, die sich sofort wieder senken. Ein Anflug von Neugier und Scheu. Die Sekunde reicht aus, daß ich nicht mehr nur eine Gruppe junger Mädchen sehe, sondern dieses eine, dessen Sari mit seinem weißen Faltenwurf einen so reizvollen Kontrast bildet zum lang über die Schultern fallenden Haar. Auf der freien Stirn zwischen den nun in den Schoß blickenden Augen ein roter Punkt. Dem Mädchen sind Erziehung und Selbstbewußtsein anzumerken, es ist eine dieser jungen Frauen, die westliche Bildung und östliche Kultur miteinander zu verbinden wissen.
Die Flötenweise, die schnell geschlagenen Saiten der Sitar und der Trommelklang haben etwas Schmeichelhaftes. Was immer ich an Not und Gebresten gesehen habe, scheint nicht mehr wahr, nicht wirklich, nicht in diesem Lande, sondern allenfalls auf einem anderen Stern gewesen zu sein. Ich sehe mich auf einer der indischen Miniaturen wieder, einbezogen in eine jener Palastszenen, wo auf üppigen Polstern der mit Turban und Edelsteinen gekrönte Herrscher lagert, umgeben von den Schönsten seines Landes. Wohlgefällig ruht sein Blick auf der Auserwählten. Alles in leuchtenden Farben und mit Gold verbrämt. Musik, in den sanften Abendwind gemischt,

durchzieht das Bild unerreichbaren Glücks. Ich sehe wieder den roten Punkt auf der Stirn, und plötzlich tauchen die dunklen Augen aus der Versunkenheit auf. Ein Lächeln erblüht. Ein offener Blick, der sich nicht mehr zu verstecken sucht.
Ich wache auf und träume weiter.

Annegret Meyer (Hrg.)
Ferne Grüße — Frauen erzählen von ihren Reisen
191 Seiten, 11 Abb.
ISBN 3-87936-164-9

Frauen reisen — ob per Autostop durch Kalifornien, zu Fuß von Frankfurt nach Stuttgart, in China unter der Obhut einer organisierten Gruppenreise, ob als Touristin in Italien oder als Sozialarbeiterin in Peru — jede Erzählung, jedes Gedicht der in dieser Anthologie versammelten Frauen von 26 bis 65 Jahren spiegelt eine ganz persönliche Welt-Erfahrung. Denn so wie »frau« lebt, so reist sie auch. Manche versuchen, sich vorsichtig fremden Kulturen anzunähern, genau zu beobachten und zu vergleichen, andere lassen sich dagegen sofort von ungewohnten Lebensweisen mitreißen und verändern ihre Persönlichkeit. Alle aber sind immer wieder bereit, die Freiheit des Reisens zu nutzen, um das eigene Leben zu bereichern.
»Ein interessantes Buch, das Frauen Mut machen kann, sich selbstständig auf Entdeckungsreise zu wagen.« (Frankfurter Rundschau)

Bernd Schiller
Exotische Welten –
Magische Städte
Reise-Impressionen
148 Seiten
mit 22 Illustrationen von
Magdalene Krumbeck
und einem Vorwort von
Karl Maute
ISBN 3-87936-179-7

Auf der Suche nach dem Paradies . . . in den Tälern des Himalaya, auf den Inseln der Südsee, an den Küsten des Indischen Ozeans, in den Tempelstädten des Fernen Ostens . . . getrieben von brennendem Fernweh, von der Sucht, Neues, Anderes, Fremdes zu erleben, zu berichten. Bernd Schillers Reisereportagen aus Grönland oder Goa, aus Macao oder Malakka, aus der Wüste Thar oder den Wäldern Kanadas zeigen Ausschnitte aus entlegenen Welten, sehr persönliche Ausschnitte. Er versucht einzutauchen in die exotischen Länder überall auf dem Globus, mit Vorliebe in die magischen Städte Asiens. Das Ergebnis: sensible Beobachtungen, behutsame Annäherung, Geschichten voller Atmosphäre, voller Farben und Stimmungen.

Marcella d'Arle
Frau unter fremden Frauen — Begegnungen auf Reisen
267 Seiten
ISBN 3-87936-173-8

Als einzige Frau unter 35 Seeleuten ist die Autorin fünf Monate auf einem Frachtschiff über die Meere gefahren. Um ihre Einsamkeit zu bekämpfen, beginnt sie, über Frauen, denen sie in aller Welt begegnet ist, zu schreiben. Frauen ganz verschiedener Rassen, Stände, Religionen. Frauen, die ihre Aufgabe ganz unterschiedlich verstehen. Glückliche, geschundene, selbstbewußte, lebenserfahrene, mutige Frauen . . .
»Die Autorin versteht es mit großem Einfühlungsvermögen, diesen Lebensgeschichten auf die Spur zu kommen, das Erfahrene packend wiederzugeben und den Leser in ihre eigene Betroffenheit einzubeziehen . . . Das Buch wird als Dokument menschlicher Verbundenheit breit empfohlen.« (ekz-Informationsdienst der Bibliotheken)

Mai's
Reiseführer
Verlag

Mai's Weltführer

Nr. 1: Thailand
Nr. 2: Iran (Persien)
Nr. 3: Nigeria
Nr. 4: Venezuela
Nr. 5: Uruguay
Nr. 6: Peru
Nr. 7: Kolumbien
Nr. 8: Bolivien
Nr. 9: Malaysia/Singapore/Brunei
Nr. 10: Hongkong mit Macao
Nr. 11: Paraguay
Nr. 12: Indonesien
Nr. 13: Afghanistan
Nr. 14: Argentinien
Nr. 15: Neuseeland
Nr. 16: Sri Lanka (Ceylon)
Nr. 17: Chile
Nr. 18: Nepal/Sikkim/Bhutan
Nr. 19: Philippinen
Nr. 20: Sahara
Nr. 21: Mexiko
Nr. 22: Ecuador mit Galápagos-Inseln
Nr. 23: Seychellen/Madagaskar
Nr. 24: Brasilien
Nr. 25: Pakistan
Nr. 26: Taiwan
Nr. 27: Malediven
Nr. 28: Israel